高校体育教学模式革新及教师素质培养研究

张 璐◎著

吉林出版集团股份有限公司
全国百佳图书出版单位

图书在版编目（CIP）数据

高校体育教学模式革新及教师素质培养研究/张璐著. -- 长春：吉林出版集团股份有限公司，2024.8.
ISBN 978-7-5731-5711-9

Ⅰ．G807.4

中国国家版本馆 CIP 数据核字第 2024CM2366 号

高校体育教学模式革新及教师素质培养研究
GAOXIAO TIYU JIAOXUE MOSHI GEXIN JI JIAOSHI SUZHI PEIYANG YANJIU

著　　者	张　璐
责任编辑	宋巧玲
封面设计	李　伟
开　　本	710mm×1000mm　　1/16
字　　数	200 千
印　　张	11.75
版　　次	2025 年 1 月第 1 版
印　　次	2025 年 1 月第 1 次印刷
印　　刷	天津和萱印刷有限公司

出　　版	吉林出版集团股份有限公司
发　　行	吉林出版集团股份有限公司
地　　址	吉林省长春市福祉大路 5788 号
邮　　编	130000
电　　话	0431-81629968
邮　　箱	11915286@qq.com
书　　号	ISBN 978-7-5731-5711-9
定　　价	71.00 元

版权所有　翻印必究

前　言

高校体育教学是我国高校教育的重要组成部分，在促进我国体育和教育事业发展、大学生健康全面发展等方面发挥着重要作用。在"健康第一""终身体育"等教学理念的指导下，在"体育强国""全民健身"等体育梦想的促进下，高校体育面向最广大的受教育群体，肩负着促进大学生群体身心健康发展和社会性发展的重要责任。如今，面向新思想、新形势的体育教学，必须坚持改革与创新，创造新的体育教学模式，才能更加科学地实现体育教育的多元教育功能，才能培养出适应现代社会发展的高素质人才。

在此环境下，教师自身素质的发展和专业化程度的提升问题也备受人们关注。在知识激增和信息爆炸的时代，教师必须转换角色，由拥有传统知识的权威人士向掌握新知识的学习者转变，要通过自身行动和探索来获得实践性知识。高校体育教育是培育体育师资的摇篮，只有在抓好我国高校体育教师专业化发展工作的前提下，才能整体推动我国体育教师专业化发展的进程。体育院校的专科教师是高校体育教育的骨干力量，决定着我国体育教育人才培养的质量，更应立足现实，从教育理念、知识结构、教学能力等方面进行更新与重构，以适应高等体育教育事业改革和发展的需要。基于此，特撰写本书，以探索高校体育教学的模式创新与教师发展道路。

本书第一章概要叙述了高校体育教学的基本理论，主要分为四个方面，分别是高校体育教学的内涵与特征、高校体育教学内容的相关理论、高校体育教学原则的相关理论以及高校体育教学方法与环境概述；第二章介绍了高校体育教学模式的发展概况，分别是高校体育教学模式的内涵、高校体育教学模式的构成要素与建构、高校体育教学模式的发展方向以及高校体育教学模式的特征与功能分析；第三章讲述高校体育教学四种模式的应用与创新，从四个方面展开叙述，分别是高校体育游戏教学模式的应用与创新、高校体育程序教学模式的应用与创新、高校体育俱乐部教学模式的应用与创新以及高校体育多媒体网络教学模式的应用与创新；第四章讲述高校体育教师应具备的基本素养，从四个方面展开叙述，分别是高校体育教师应具备的知识与技能、高校体育教师应具备的师德、高校体育教师应具备的人文素养、高校体育教师应具备的信息素养；第五章主要讲述高校体育教师发展的影响因素与途径，从三个方面展开叙述，分别是影响高校体育教师发展的因素、提高高校体育教师素质的途径、提高高校体育教师专业能力的途径。

  在撰写本书的过程中，作者参考了大量的学术文献，得到了许多专家、学者的帮助，在此表示真诚感谢。由于作者水平有限，书中难免有疏漏之处，希望广大同行和读者批评指正。

目　录

第一章　高校体育教学的基本理论 1
　　第一节　高校体育教学的内涵与特征 3
　　第二节　高校体育教学内容的相关理论 6
　　第三节　高校体育教学原则的相关理论 19
　　第四节　高校体育教学方法与环境概述 29

第二章　高校体育教学模式的发展概况 47
　　第一节　高校体育教学模式的内涵 49
　　第二节　高校体育教学模式的构成要素与建构 50
　　第三节　高校体育教学模式的发展方向 55
　　第四节　高校体育教学模式的特征与功能分析 60

第三章　高校体育教学四种模式的应用与创新 65
　　第一节　高校体育游戏教学模式的应用与创新 67
　　第二节　高校体育程序教学模式的应用与创新 80
　　第三节　高校体育俱乐部教学模式的应用与创新 95
　　第四节　高校体育多媒体网络教学模式的应用与创新 113

第四章　高校体育教师应具备的基本素养 129
　　第一节　高校体育教师应具备的知识与技能 131
　　第二节　高校体育教师应具备的师德 138

第三节　高校体育教师应具备的人文素养 …………………………… 141
　　第四节　高校体育教师应具备的信息素养 …………………………… 150

第五章　高校体育教师发展的影响因素与途径 ………………………………… 157
　　第一节　影响高校体育教师发展的因素 ……………………………… 159
　　第二节　提高高校体育教师素质的途径 ……………………………… 165
　　第三节　提高高校体育教师专业能力的途径 ………………………… 170

参考文献 …………………………………………………………………………… 179

第一章　高校体育教学的基本理论

在高等教育事业的发展及改革过程中，高等院校的教学目标是向社会输送适应与促进社会发展的复合型或学术型人才。高校应"德智体美劳"五育并举，重视与"健康"有密切相关度的"体育"，转变固有的思想观念，树立"健康第一""终身体育""学生中心"的理念，聚焦学生体育素养，为学生的"身心健康保持"和"自主科学健身"素养赋能，培养能在任何环境中自主自发开展必要的科学健身行为且具备高效能感和体育素养的人，使学生在完成专业学习的同时拥有强健的体魄和高质量的生活。本章主要对高校体育教学的内涵、特征、内容、原则、方法与环境进行概述。

第一节 高校体育教学的内涵与特征

一、高校体育教学的内涵

强健的体魄能使人们更好地面对生活和享受生活,而强健体魄离不开体育。体育作为一种文化现象有着悠久的历史,随着社会的发展,它已成为社会文明的重要组成部分。体育的概念随着社会的发展在变化,它包括广义体育和狭义体育。广义体育是体育运动(physical education and sport)的同义词,泛指一切非生产性的身体活动,即从兴趣出发,以竞技为目的或以强身健体为目的的身体活动,是"社会总文化的一部分,是为增进健康、发展人的身体能力、适应社会实践需要而利用这些能力的一个社会活动领域",是综合各种身体活动来提高人的生物学潜力和精神潜力的范畴、规律、制度和物质条件,"是人们锻炼身体、增强体质、延长生命的重要方法,是与德育、智育、美育等相配合的整个教育的组成部分,以竞技的形式成为人们文化生活的内容和各国人们加强联系的纽带",是以身体练习为基本手段,以增强体质、促进人的全面发展、丰富社会文化生活和促进精神文明为目的的一种有意识、有组织的社会活动。其主要包括学校体育、群众体育和竞技体育。狭义体育主要指学校体育,是学校教育的重要组成部分。

高校体育是指高等学校中的与体育相关的活动和文化现象,亦可从广义与狭义两个层面来界定。广义上,高校体育是指运动队训练、群体活动、体育课程等在高校环境下发生的一切与体育有关的活动和文化现象;狭义上,高校体育是指体育课。在这里主要讨论狭义层面上的概念。根据对体育、高校体育的现有认识,可以把"高校体育教学"界定为:在高等院校中发生的体育教学现象,具体指高校体育课堂中的教学,是高校育人目标、高校体育课程目标实现的主渠道,是高校立德树人的重要途径之一,更是实现"体育强国""健康中国"目标的关键步骤和重点环节。高校体育教学是为培育具备体育素养的人而开展的教育活动,需要围绕创设情境让学生享受体育乐趣、安排适宜负荷促进学生体质提升、循序渐进因材施教提高学生运动技能水平、以身—心—智—德—社五育提高学生的社会适应力和社会改造能力等综合素质展开。

二、高校体育教学的特征

（一）教学对象：主要为 18~24 岁人群

高校体育教学与中小学体育教学最大的不同就是教学对象，高校体育教学以刚刚成年的青年人为主，中小学体育教学则是以心智及生理皆不太成熟的儿童与青少年为主。两个群体的认知特点存在较大差异，在高校体育教学中尤其要充分考虑大学生的身心特点，以提高教学的针对性和立德树人质量。

人体的生长发育时间长达 20 多年，它是一个连续统一的发展过程，大学生正处在成长时期，在此阶段会受到各种因素的影响，如饮食营养、人体基因、社会环境等。这些因素会造成个体之间存在较大差异。高校体育教学应当根据学生身体特点，尤其是生长发育规律、认知规律、运动技能形成规律，科学合理地安排教学，以有效促进学生身心健康。高校体育教学管理者、政策制定者及具体实施者（体育教师）皆应充分考虑到这一群体的特殊性，帮助他们在由校园迈入社会的过渡阶段里，获得充足的终身身体活动原动力，其中包括：激发运动意识、构建健康自我监护能力、增强运动技能水平、培育身体活动自我效能、帮助构建身体活动参与的信心、培育规律性健身行为，以帮助大学生群体在高等教育阶段成长为具备体育素养的独立成熟个体。

（二）教学内容：丰富多样、选择余地大

高校体育教学内容丰富多样，相比中小学时期，运动项目的丰富程度与选择余地皆大大提升。中小学时期将基本运动技能、普及度较广、参与人群较多的运动项目和理论知识作为教学内容，到了高校，体育教学内容不单包括中小学时期学过的运动项目，还会提供更多的民族化、地方性、新颖性、小众化等类型运动的内容，例如拳击、跆拳道、轮滑、艺术体操、帆船、野外生存、太极柔力球、民族健身操等等。对于不同运动技能水平的学生，高校体育教学拥有多种课程形式，例如面向普通学生的公共体育课，面向校运动队队员及部分有运动特长学生的专项运动训练课，面向身体异常和病、残、弱及个别高龄等特殊群体的康复保健课等。在选课时多数高校会采用三自主选课模式，即学生们拥有自主选择课程内容、自主选择任课教师、自主选择上课时间的自由度。因此，高校体育教育内容具有丰富多样、选择余地大的特点。

(三)教学程序:灵活多样

在高校体育教学过程中,教师拥有的教学自主权相对更多,教学程序上更加灵活多样。具体教学程序实施过程可以根据教学目的、教学任务、课程内容特点、场地条件和气候环境,以及学生认知水平、运动技能水平、社交偏好等因素,设计个性化教学程序,以形成活跃高效、科学有序的课堂氛围,提高教学质量。

高校教学程序的灵活多样性是以有效教学为前提的,而有效教学则是以学生认知发展规律、运动技能形成规律、情感因素影响规律、身心发展的交互性影响规律等相关理论为依据的。高校体育教学程序设计应遵循的原则是:"充分发挥学生的主体作用和教师的主导作用,努力倡导开放式、探究式教学,努力拓展体育课程的时间和空间。"[1]

(四)教学标准:包容性高

相对于基础教育的课程标准,高等体育教育教学并没有统一的课程标准,更具包容性。教育部在2002年颁发了《全国普通高等学校体育课程教学指导纲要》(以下简称《纲要》),对课程性质、课程目标、课程设置、课程结构、课程建设与课程资源的开发等进行了界定,并提出了指导性意见。针对课程结构,《纲要》中指出:"根据学校教育的总体要求和体育课程的自身规律,应面向全体学生开设多种类型的体育课程,可以打破原有的系别、班级建制,重新组合上课,以满足不同层次、不同水平、不同兴趣学生的需要。"[2]

高校体育教学内容的选择要遵循以下五项原则:

第一,健身性与文化性相结合。紧扣课程的主要目标,把"健康第一"的指导思想作为确定课程内容的基本出发点,同时重视课程内容的体育文化含量。

第二,选择性与实效性相结合。学校根据学生的特点以及地域、气候、场馆设施等不同情况确定课程内容。

第三,科学性和可接受性相结合。

第四,民族性与世界性相结合。弘扬我国民族传统体育,汲取世界优秀体育文化,体现时代性、发展性、民族性和中国特色。

---

[1] 教育部关于印发《全国普通高等学校体育课程教学指导纲要》的通知[J].教育部政报,2002(10):446-449.

[2] 同[1].

第五，充分反映和体现教育部、国家体育总局制定的《学生体质健康标准（试行方案）》的内容和要求。

可以因地制宜开发利用各种课程资源。如充分利用校内外有体育特长的教师、班主任、校医、家长、学生骨干等，开发人力资源；充分利用校内外的体育场馆设施，合理布局，合理使用有限的物力和财力，开发体育设施资源；做好现有运动项目的改造和对新兴、传统体育项目的利用，开发运动项目资源。因此，高校体育教学标准具有包容性高的特点。

（五）教学目标：身—心—德—社整体育人

高校体育教学目标强调立德树人，尤其是身体—心理—道德—社会等领域的整体并进。这就要求高校体育教学实践中不仅需要进行身体层面的运动技能教学、开展强身健体行动、切实提高学生体质，还需要让学生在高校体育教学过程中"享受乐趣""健全人格""提高社会适应能力、建构社会改造能力"，实现身体、心理、道德、社会四位一体的整体育人目标。

第二节 高校体育教学内容的相关理论

一、体育教学内容概述

（一）体育教学内容的概念

体育教学内容是那些以体育教育为目的，以身体练习、运动技能学习和教学比赛等为形式，经过组织加工后可以在教学环境下进行的体育知识和技能的体系。[①]

体育教学内容有别于一般学科的教学内容。例如，语文、数学等知识学科没有以运动为媒介，也不涉及大肌肉群运动，更不是以身体运动的学习和运动技能的形成作为培养目标，因此它们不涉及体育教学内容。而一些同身体活动有密切关系的教育形式和内容，如军训、劳动课、生产技能课虽然都伴随有大肌肉群运

---

① 李忠，陈玉现，王志英. 高校体育教学理论与改革探析[M]. 长春：吉林大学出版社，2017.

动，有的还是以技能的形成作为主要目标，但由于其培养目标不是身体运动技能的形成，因此也不被认为是体育教学内容。

体育教学内容也有别于竞技运动的内容。例如，奥林匹克运动会中的田径比赛是以夺取竞技胜利为目的，是按公正比赛的原则进行组织加工的内容体系，因为它没有必要考虑怎样通过田径运动来达到教育的目的，也不必从教育的角度出发进行改造，因而它不属于体育教学内容。而作为体育教学内容的田径则必须根据某个学段的教育目标、被教育者的年龄和身心特点、学校的场地器材情况，以及教学课时和教学计划安排进行改造，因此它在许多地方有别于竞技比赛中的田径。

所以，在现实中有些同名的体育运动内容和体育教学内容会有很大的差异。

体育教学内容属于教育内容，但在形式上很多教育内容相差甚远；相反，体育教学内容来源于体育运动内容，形同于体育运动内容，却在体系上已不同于以娱乐和竞技为目的的体育运动内容。这形成了体育教学内容的独特性质和在教育内容中的独特位置，这个特性使得体育教学内容的选择、加工和教学过程都更加复杂、更加多变，使得"竞技运动教材化"的必要性和紧迫性更为突出。

（二）体育教学内容的分类

体育教学内容的分类历来是一个令体育教学工作者颇费脑筋的事情。因为体育活动来源于多种不同目的的活动，具有诸如健身、娱乐、提高技能、思想品德教育等多种功能，对人的身心有着不同的作用和影响，在教育中可以为多种教育目标服务，也可以根据从事的活动形式分成多种类型，不同的运动还有其不同的乐趣特征和魅力，因此体育教学内容可以根据功能、目标、作用、形式、乐趣特征等进行分类。

在现实中，对体育教学内容的分类方法虽然多样，但基本上是以按运动项目分类、按体育教学内容的内在功能分类和综合分类三种方法为主的，且前两种分类方法各有特点，对体育教学内容的编制及"教材化"影响较大。下面将对这两种分类方法进行分析：

1. 按运动项目分类

这是一种最常见的分类方法，它是按照运动比赛的名称和内容进行分类的，如篮球、排球、足球、田径、体操、武术、游泳等。这种分类方法的优点是它与社会上开展的体育运动相一致，从名称和内容上容易理解。

2. 按内在功能分类

由于体育运动都具有健身、提高运动技能、娱乐身心及培养道德品质等几个方面的功能，所以体育运动也可以按上述功能进行分类。现在比较常见的依据内在功能划分的体育运动的课程有：减脂塑形课、康复课、拓展课、释压课、技能提高课等。这种分类方法的优点在于能够一目了然看到内容的效果，让人们的参与性和目的性更强，从而可以提高个体参与高校体育教学全过程的兴趣，获得良好的情感体验，能够较快地感知到体育教学内容带来的身体（身体成分变化、身体素质提升、运动技能提高等）、心理（自我效能感、兴趣、自信、动机、意志力等）等的一系列改变。

（三）体育教学内容的载体

体育教学内容往往通过"教材"这一载体来系统化呈现，而体育教材是根据体育教学大纲和体育教学内容编撰而成的，依据出现的频率，可以把构成体育教材的具体内容划分为基本内容和任选内容。

1. 基本内容

（1）体育与健康相关的原理和知识

通过体育基本原理和知识的传授，学生可以深刻地理解体育对人类社会、对国家、对自己未来生活和工作的重要意义，从而更理性、更自觉地去锻炼身体，更科学、更合理地从事各项体育运动的实践。通过健康知识的传授，学生可以认识到健康的重要性和维护身体健康所必要的环境、条件，懂得基础保健手段与方法，从而获得认知上的提升，以增强爱护身体和维护健康的自觉性，形成正确的健身、健康意识及态度。

（2）常见运动项目基本技战术与裁判法

①田径

田径包括跑、跳、投等内容。通过该内容的呈现有助于学生了解田径运动的概貌，理解田径在体育运动和锻炼身体中的意义和作用，明白跑、跳、投的基本原理、功效、特征，知晓常见体能训练方法和注意事项，掌握田径裁判法、竞赛组织知识和基础性、实用性较强的基本运动技能。

②体操

体操包括技巧、单杠和双杠等内容。通过该类内容能使学生了解竞技体操运动文化的概貌，了解体操运动对人体的锻炼价值和作用，明白基本的体操原理和特征；掌握一些典型的、实用性较强的体操技能，并学会用体操的动作来进行身体锻炼；了解体操娱乐、竞赛的方法及其注意事项，能运用正确的方法去安全地从事体操运动，并能够掌握一些基础的体操裁判和组织比赛的常识与技能。

③球类运动

球类运动包括篮球、排球、足球、乒乓球、羽毛球、橄榄球、网球等内容。球类运动富有竞争性和趣味性，是大学生最喜爱的运动项目之一。此项教学内容能使学生理解球类运动的概貌和球类比赛的共性特征，了解球类竞赛的裁判与竞赛组织基础理论，进而有利于提高学生的球类运动文化素养，为掌握一项至两项球类运动基本技战术提供理论支持。

④操舞类运动

操舞类运动包括民间舞蹈、健美操、体育舞蹈、韵律操、艺术体操等。其共同特征是将舞蹈表现与运动相结合，并伴随音乐等旋律和节奏进行运动。此项教学内容能使学生了解各项运动的基本特征，了解从事这些运动的基本原则和规律，掌握基本的健美运动技能和一些实用的套路，进而改善学生的体态，培养其节奏感和身体表现能力。

⑤民族传统体育类运动

民族传统体育类运动包括武术、导引养生功、健身气功、舞龙舞狮及各民族传统体育内容。民族传统体育运动的选用既有利于因地制宜进行体育教学，又有利于弘扬民族传统体育文化。此项教学内容能使学生对我国优秀丰富的民族传统体育文化有所了解，并掌握用其来健身、自卫的方法；能使学生在学习技能的同时理解中国的"武德"精神，了解武术中的礼仪，并培养学生的爱国精神、民族自尊心。

2. 任选内容

任选内容是为了适应各地不同教学条件和丰富高校体育教学内容而设置的，通过这一部分教学内容可以使学生掌握一些与本地区文化背景有关的、有地方特色的和地区社会所需要的体育知识与技能；能使学生对体育的多种需求得到一定程度的满足，也使其体育能力得到提升。

二、体育教学内容的特性与选择

（一）体育教学内容的特性

1. 教育性

体育教学内容是教育内容的有机组成部分，是教育思想得以贯彻的重要载体，对于青少年的成长有着重要作用，因此体育教学内容具有教育性。体育教学内容的教育性主要体现在：能促进学生身心健康成长，形成良好的个性心理品质和积极乐观的生活态度，提高其社会适应能力，使其成为具有较高科学文化素养、爱国主义精神、传统优良品德和进取精神的社会主义建设者。

2. 科学性

由于体育教学内容是在学校进行的有目的、有计划、系统的教学内容，因此，体育教学内容也同其他教学内容一样，具有较强的科学性。体育教学内容的科学性主要体现在如下三个方面：内容本身具有丰富的内涵，是人类文化和科学的结晶，如身体科学原理、锻炼科学原理、训练科学原理以及相关的社会科学原理等；在筛选体育教学内容时，人们会有意识地把那些科学和文化含量高的内容优先选择到教学内容中来；在进行内容的编制和教学时，遵循有关教学内容编制和教学的科学规律与原则。

3. 实践性

体育教学内容与其他教学内容的最大差异在于，体育教学内容主要由体育运动项目和身体练习构成，与身体运动的实践紧密相关。体育教学不仅是通过学生的思维活动解决学生知与不知、懂与不懂的问题，还通过学生实际从事的运动学习与身体练习，以及运动中肌肉本体感觉的形成与动作的记忆，解决学生会与不会的问题，它的思维和行为是紧密相连的。因此，体育教学内容的学习特别强调"从做中学""从练中学"。

4. 开放性

体育教学内容大多是以集体活动的形式来进行的。在对运动的学习、练习和比赛中，人的交往和交流又是极其频繁的，因此，体育教学内容与其他教学内容相比具有更明显的人际交往的开放性。体育教学内容以这种人际交往的开放性为基础，构成对集体精神、竞争精神协同培养的独特功能，使得在体育教学内容的学习过程中，师生之间、生生之间的关系更加密切、开放；一些以小组进行的内容使组内的各种分工明确。体育学习中的各种角色变化远远多于其他学科，所以体育课能有效地培养学生的社会适应能力。

5. 系统性

体育教学内容的系统性表现在如下两个方面：一是体育教学内容本身具有系统性，虽然这个系统性由于体育运动的特点，不同于其他教学内容的系统性，但体育运动内在的规律使内容和内容之间、项目与项目之间、技术与技术之间有着某种潜在的联系和制约因素，进而形成体育教学内容的内在结构，而这一内在结构是编制体育教学内容的依据；二是根据教育的目标、学生不同年龄阶段的生长发育特点、教学环境和教学条件等方面的因素不断认识体育教学内容的内在规律，系统地安排各个学校、各个年级的教学内容，并处理好它们之间的关系。

6. 健身性

从广义的角度来看，体育就是增强体能、增进健康的教育。体育教学内容的学习过程实际上是学生学习一定的体育知识和技能，并从事身体练习的过程。学生在进行身体练习的过程中，必然会承受一定的运动负荷。体育教学主要是通过合理安排身体练习的运动负荷量与强度，并适时地加以调控，来达到增强学生体质、增进学生健康的目的。体育教学内容所起到的增强体质、增进健康的作用是其他任何一门课程的教学内容所无法取代的。

7. 非逻辑性

体育教学内容与一般学科教学内容还有一个明显区别：体育教学内容没有一般学科教学内容中比较清晰的由易到难、由简到繁的阶梯形结构，没有明显的从基础到高级的逻辑结构体系，其内容的排列不是直线递进式的，而是复合螺旋式的。体育教学内容主要是由众多的相互平行的、可以替代的运动项目和身体练习组成的，并且包含了丰富的体育与健康的理论知识。这增强了体育教学内容选择的灵活性。

8. 娱乐性

体育教学内容大部分来自体育运动项目，而体育运动项目大多是从各种各样的运动性、竞技性游戏中发展演变而来的。运动性游戏具有趣味性、娱乐性的特点，因而体育教学内容也具有一定的趣味性与娱乐性。体育教学内容的学习主要是在运动学习与运动比赛的过程中完成的，这些运动的乐趣体现在运动学习和运动竞赛过程中的竞争、协同、克服、表现等方面，体现在受教育者对新的运动的体验和对学习进步的成就感，也体现在运动的环境、场地、比赛规则、比赛形式等的变化和加工方面。当学生在学习这些内容时，必然存在追求这些运动乐趣的动机。在追求的过程中，学生会获得竞争与合作、成功与失败的体验，并陶冶自身的情操，从而愉悦身心。

9. 空间的约定性

体育教学内容还有一个"空间的约定性"的特点。这是因为有很多运动是在固定的场地上进行的，甚至是以场地来命名的，如"田径""沙滩排球""山地自行车"等。换句话说，如果这些内容离开了特定空间的制约，其内容就会发生质的变化，甚至内容本身就不存在了。体育教学内容的空间约定性，使体育教学内容对场地器材具有很大的依赖性，也使场地、器材、规则本身成为体育教学内容的重要组成部分。

（二）体育教学内容的选择

1. 体育教学内容的选择依据

（1）体育课程目标

体育课程内容是实现体育课程目标的手段，而不是目的。体育课程目标的多元性以及体育运动项目和身体练习的可替代性，增加了体育课程内容选择与组织的多样性。因此，在选择体育课程内容时就应该依据一定的标准。体育课程目标是选择组织课程内容的主要依据，这是因为体育课程目标作为体育课程编制各个阶段内容的先导和方向，作为对学习者的理想期望，是专家、学者、教师等经过周密的思考，认真研究了社会、学科、学生等不同方面的特点与需求的智慧结晶。体育教学内容的选择必须依照体育课程的目标，即有什么体育课程目标，便有什么体育教学内容。

（2）学生的需要及身心发展规律

在选择体育教学内容时应该考虑学生的需要。体育教学的目的是促进学生的身心健康发展，因此在选择体育教学内容时，要充分考虑学生的需要和兴趣，这对于有效的学习是非常重要的。学习是一个主动的过程，这个过程需要学生自身积极的努力。一般来说，当遇到感兴趣的事情，学生会主动参与其中，从而有效地学习。当学习是被迫的而不是从学生真正的兴趣出发时，这种学习相对来讲是无效的。

学生的身心发展规律与特点决定了其对教学内容的接受程度，体育教学内容必须是学生可以接受，并经过努力可实现的。因此在体育教学内容的选择过程中，需要根据学生的特点确定教学内容的深度、广度和难度。

（3）社会发展的需要

学生的发展总是与社会的发展交织在一起的。体育教学是为学生的未来健康打基础的，因此，在选择体育教学内容时，必须考虑现实社会与未来社会的需求。体育教学内容的选择不可忽视学生适应社会发展所必需的体育素质，因此，体育教学内容要满足学生在身体、心理和社会适应能力等方面发展的需要。另外，体育教学内容只有与社会生活、学生生活紧密联系，才能真正成为趣之所在、志之所在，才能实现它的功能，所以课程内容的选择必须回归现实生活。

（4）体育教学素材的特性

第一，逻辑关系不强。这使得教师在安排教学内容时无法完全按难易程度和学生的准备条件来排列素材的顺序。体育教学内容的划分通常只是以运动项目来进行，划分后的教学内容之间都是平行和并列的关系，如篮球和排球、体操和武术。

第二，存在"一项多能"和"多项一能"。"一项多能"是指一个运动项目可以达到多个体育目的，也就是经常说的"目标多指向性"，如有人用健美操锻炼身体，有人用健美操进行娱乐，也有人用健美操来表演。其实很多时候做健美操可以同时实现多个功能，同样，一个人掌握了一项运动就可以为自己的多种目标服务。"多项一能"是指体育内容的相互替代性。想练投掷，投手榴弹可以，投小垒球可以，推实心球可以，推铅球也可以；想与同伴一起娱乐，踢足球可以，打排球可以，玩篮球可以，玩棒球也没问题。人们不必拘泥在某一个项目上，进行不同的项目也可以达到同一种目的。这个特性使得体育教学内容中没有什么非学不可和无法替代的运动，也就是说体育教学内容没有很强的规定性。

第三，数量极大，内容庞杂，而且很难归类。人类几千年来创造出的体育运动项目种类繁多，而且它们各具特色，不同运动技能对身体素质的要求也各不相同。这就是体育教师难以精通全部体育项目的原因，也是体育师资培养提出"一专多能"要求的缘故；是体育课程研究者难以找出最权威的运动项目组合，难以编出适合一切地区和教学条件的教材的缘由所在。

第四，每个运动都有其独特的乐趣。如篮球和足球的乐趣是在激烈的正面对抗中运用自己的技术和队友之间的配合将球攻入对方的篮筐（球门）中；隔网类运动的乐趣在于双方队员在各自的场地中进行巧妙的配合，通过多次网上往返和争夺后，对方无法将球击回而取胜；体操运动的乐趣则在于控制自己的身体达到一种难以完成的非正常体位，以体验其中的乐趣；目标类运动（保龄球、飞镖、高尔夫球、台球等）的乐趣在于通过长时间锻炼达到操作的稳定性，在实践中用精确的结果来验证自己的预想能力，并从中获得快感和自信；户外型运动的乐趣在于获得征服自然后的超越感和在不同的环境中检验自己能力的成就感。

2.体育教学内容的选择原则

（1）教育性原则

在面对众多体育素材的时候，应从教育的基本观点去审视它们，看它们是否符合教育性原则，与国家、社会的价值观念是否冲突；看它们是否对学生的身心发展有利，包括是否有利于学生的身体健康。体育课程内容的选择应该紧扣体育课程的主要目标，把"健康第一"的指导思想作为确定体育课程内容的基本出发点，同时重视教学内容的体育文化含量，以增进学生的体育文化修养。学校体育应以培养学生在品德、智力、体质等方面的全面发展为目标，坚持理论和实际相结合的原则，既要学习人体科学知识，又要取得锻炼身体的实际效果，还要使学生增进体育文化修养，受到思想品德教育，促进身心的健康发展。体育教学内容的选择要符合不同阶段学生身心发展的特点和规律，充分考虑学生的个体差异与不同需求，确保每一位学生都受益，还要符合不同地区、不同学校的实际，确保拥有较大的选择空间和灵活性。

（2）科学性原则

设置体育教学内容时要具有科学性，在选择体育教学内容时也要注意科学性。这里讲的科学性有两层含义：一是选择的教学内容要为增进学生的身心健康服务。教学内容要努力使学生在愉快的活动中促进身心的发展。二是选择的教学内容要有助于培养学生的身体锻炼能力，使学生体验科学锻炼的乐趣，从而增强学生锻炼的自觉性和积极性。

（3）实效性原则

体育课程是一门以身体活动为主要手段、以增进学生健康为主要目的的课程。可以这样认为，一切对学生健康有利的教学内容都可以被纳入选择的范围，这将使体育教学内容更加丰富多彩。

所谓实效性，简单地讲就是某一活动是否实用、是否简便易行、是否有助于学生的身心健康。在选择体育课程内容时一定要注意既要选择与学生自身的体育学习兴趣和经验相接近的，又要选择大众喜欢的、社会上比较普及的，并有很好的健身娱乐效果的运动项目，为终身体育奠定基础。

（4）趣味性原则

兴趣是最好的老师，在选择体育教学内容时，一定要根据学生的年龄和性别特点，在科学性和实效性的基础上选择那些学生感兴趣的、娱乐性比较强的体育素材。

（5）健身性与文化性相结合的原则

体育教学内容的健身性是体育教学本质属性的反映。在进行体育教学内容的选择时，要以促进学生健康为出发点，内容的组织和编排都要有利于促进学生的健康。体育教学内容的文化性就是体育教学内容要有利于提高学生对体育的认识，促进体育情结的培养，树立体育的价值观和体育理想，使之受到良好的体育道德的熏陶。健身性与文化性相结合，便可以使体育教学内容既具有良好的健身价值，又具有丰富的体育文化内涵。

（6）理论与实践相结合的原则

体育教学内容主要是以实践内容为主，学生必须反复参加体育活动，才能掌握体育的知识、技能并提高身体素质。体育教学内容是十分丰富的，除了实践的内容外，还包含科学健身知识、心理健康知识、卫生保健知识，以及与体育文化素养有关的知识。因此，在选择体育教学内容时要注意理论与实践相结合，以实践为主，以理论为辅。

（7）统一性与灵活性相结合的原则

体育教学内容要从我国的国情和学生的实际情况出发。我国幅员辽阔，各地区的自然地理环境和气候条件差异较大，经济、文化和教育发展不平衡，体育教学的相关基础、起点也不同。学生的身心发展水平有差异，体育基础、接受能力也不相同，即使是同一个教学阶段的学生，也会表现出明显的不同。因此，使体育教学内容切实可行，既要有统一性，又要有较大的灵活性。

3. 体育课程内容的取向

在教育理论界，自课程作为一个独立研究领域以来，对课程内容的选择基本是以三个不同的取向为依据：课程内容即教材，课程内容即学习活动，课程内容即学习经验。

（1）课程内容即教材

课程内容在传统上历来是作为要学生习得的知识来对待的，这些知识主要是事实、原理、体系等形式。课程的重点是向学生传递知识，知识的依据就是教材，这样的理解就是课程内容即上课所用的教材。

"课程内容即教材"的取向主要是从体育知识的系统性出发，使教学主体明确教学内容，从而使教学实践有据可依。

（2）课程内容即学习活动

科技在进步，社会在发展，但教材远没能跟上其发展的速度。这就要求课程研究工作者作出相应的调整。

以学习活动为取向的课程，注重的是与社会生活的联系，强调了学生在学习中的主动性，让学生积极地参与各种活动。在体育课程中，有利于学生学习实践课程的内容。但是，这种活动取向无法了解学生知识掌握的具体情况，不利于学生建立完善的体育知识结构。

（3）课程内容即学习经验

"课程内容即学习经验"的取向强调的重点是，学习的质和量是由学生而不是教材决定的。当学生的学习是主动参与时，往往是因为环境中的某些特征吸引了他们。在这种取向的要求下，教师的主要工作就是构建符合学生能力与兴趣的各种环境，以便为学生提供学习经验。在这种取向下，有利于培养其终身体育的意识。在课程内容即学习经验的取向中，学生认知结构的情感特征对课程内容就起到支配的作用，内容受学生的兴趣支配，对学生而言，知识是自己"学"会的，而不是教师"教"会的。但是，其中也有不利于学生全面发展的因素。

上述课程内容的三种取向各有优缺点，选择体育课程内容时，如果坚持一种取向，而与其他取向对立，是不可取的。因此，选择课程内容时要考虑如何处理好这三种取向的关系。

4. 创编体育教学内容的形式

（1）利用动作教育模式创编体育教学内容

动作教育是最早出现在欧美的一种体育教育思想和体育教材方法论。其特点是按照人体的运动原理将一些竞技体育运动加以归类，针对青少年特点进行教材设计，比如教育性舞蹈、体操等教材适用于小学低中年级，有利于学生基本活动能力的形成。动作教育还可以通过游戏活动、康复训练等多种形式渗透到日常生活中。动作教育不仅重视身体机能的养成，同时重视身心的协调发展。

（2）通过游戏化来创编体育教学内容

这种游戏化的方式多用于改造那些比较枯燥的单一的运动，如跑、跳、投、体操、游泳等运动，其特点是将这些单调的运动用"情节"串联成游戏，并强化协同和竞争的要素。这种创编形式有利于提高参与者的兴趣，而练习的性质也没有太大的改变，同时可以增强练习效果。如用游戏化方式对跳高教学内容进行创编，可运用以下手段：连续跳跃障碍物接力、兔跳接力、跳绳跑接力、跳五边形橡皮筋追逐跑、跳起触摸一定高度的橡皮筋、跳不同高度的橡皮筋接力赛。

（3）结合体育原理和知识创编体育教学内容

结合体育原理和知识来创编体育教学内容的特点是挖掘运动"背后"的原理和知识，并将其"编织"在探究式的体育教学过程中，然后与发现式、启发式的教学方法联系起来运用。例如，在体育课上教师组织学生举行拔河比赛，在教授学生拔河技巧、分析胜败原因时可以通过物理学中的牛顿第三定律来讲解。通过两队的拔河受力比较可以让学生了解到，只要所受的拉力小于地面的最大静摩擦力，就不会被对方拉过去。因此，增大与地面的摩擦力就成了胜负的关键。而要增大与地面的摩擦力，可以让队员穿上鞋底有凹凸花纹的鞋子。这种创编的优点有利于提高学生对运动原理的理解和获得举一反三的教学效果。

（4）融入体育文化，创编体育教学内容

"融入体育文化，创编体育教学内容"是从竞技运动中提取各种文化要素，并在教学中让学生来体验运动文化的情调和氛围。如以中国传统体育文化为主题让学生了解传统体育文化中的修身养性的基本理论，为自我养身、健身、强身服务，同时加深对中国传统体育文化中舞龙、舞狮、气功、武术等内容的理解；可以指导学生阅读中英文体育文学作品、欣赏竞技运动比赛，结合学生的兴趣爱好提供获取体育文化知识的渠道，提高学生的体育素养和审美能力。

（5）采用生活化、实用化等形式，创编体育教学内容

这种创编方式可以通过以下几种形式体现出来：野外化（把在室内或正规场地进行的竞技运动改造为在野外的非正规场地可以开展的项目）、冒险运动化（增加一定的冒险性）、实用化（与实用技能相结合）、生活化（根据生活的条件进行项目改造）等。这种创编方式的特点是贴近学生的现实生活和实际需要，既能传授比较实用的运动技能，又能调动学生的直接学习动机，也增加了教材的趣味性。例如，开展健美操、现代舞、街舞、韵律操等新兴运动项目，激发学生的参与热情和运动兴趣，使体育与健康课程尽可能向学生的生活、社会和大自然方向延伸。在创编内容时，也不能盲目地求新鲜、赶时髦，而要根据学校的条件、教师的能力和学生的喜好，适量选择新兴运动项目。

（6）改造运动项目，创编体育教学内容

这种创编方式主要从基本结构方面对原运动项目进行改造，使其成为一种新的运动方式。这种改造主要是为了适应教学的需要和学生的特点，简化竞技结构，减小运动难度，调整场地器械规格，修改竞技竞赛规则，适应广大学生的实际，使其既能达到增强体能、增进健康的效果，又能减轻学生运动时的生理负荷量。要根据体育课程目标的具体要求，遵循体育规律和健身原理，在充分研究、分析竞技运动项目的可健身性、教师的可操作性和学生可接受性的基础上，采用走、跑、跳跃和投掷等基本活动形式，从运动的方向、路线、距离、顺序、节奏、难度、负荷、场地、器材、规则、参加人数等诸多方面，对竞技项目进行改造、加工、延伸和拓展，并进行合理的排序、组合和创编，使其成为有价值的体育教材和体育手段。

（7）开发利用民族、民间传统体育内容，发展新兴体育运动项目

民族、民间体育项目也是重要的体育教学内容，它有着广泛的群众基础和深远的社会影响。如蒙古族的摔跤、藏族的歌舞、维吾尔族的舞蹈、朝鲜族的荡秋千、锡伯族的射箭、白族的跳山羊，以及大众的踢毽子、滚铁环、抽陀螺等。对于一些适合教学需要的内容，可以直接引入运用，如踢毽子、抽陀螺、跳房子、滚铁环等；对于一些基本适合教学需要的内容，可以改编后再运用，如跳竹竿等。把这些教学内容引进课堂，不仅有利于民族、民间体育文化的继承和发扬，而且可以培养学生的创新能力。

此外，还可以利用空饮料瓶、空易拉罐、塑料袋、课桌椅、自行车废旧轮胎、旧报纸等易于收集的家庭生活用品来创编体育教学内容。如将空饮料瓶装上少量水或沙子，可以做投掷物来使用，装上五颜六色的水又可以做标志物来使用；用旧报纸可以做成纸棒、纸球、纸飞机等，以用来做投掷练习。利用这些简易、安全、实用的器材资源，一物多用，不仅可以丰富教学内容，而且可为教学目标的达成提供有力的保障。

（8）以运动处方形式创编体育教学内容

这是一种按照锻炼的原理，将运动的强度、重复次数、速率等因素加以组合排列，根据学生不同的锻炼需要进行锻炼和教学的创编形式。这种形式有利于教会学生运用运动处方形式锻炼身体，是一种不可缺少的体育教学内容创编形式。

第三节　高校体育教学原则的相关理论

一、体育教学原则概述

体育教学原则是实施体育教学最基本的要求，是保证体育教学过程不脱离体育教学目标的最基本因素。体育教学方法的选择受到体育教学原则的约束，它也是保证体育教学方法和教学内容科学性、实用性的基础。

（一）体育教学原则的含义与形成

1. 体育教学原则的含义

体育教学原则是根据体育教学的特点和体育教学大纲的目标要求而编写的。体育教学原则有以下三个方面的含义：

（1）体育教学原则是体育教学的规范

体育教学原则是体育教学的规范，是体育教学过程中各种教学行为改变的"准线"，体育教学的相关方法和目标都是在体育教学原则的基础上不断优化和加强的。因此，体育教学原则是体育教学所有要求中最基本的内容。

（2）体育教学原则保证体育教学的科学性

体育教学原则是根据体育教学的特点和体育教学中的相关要求制定的，它来源于体育教学，又对体育教学起到约束作用。因此，体育教学原则中的要求能够保证体育教学过程不脱离教学实际，有利于教学目标的实现。

（3）体育教学原则保证体育教学内容的合理性

体育教学原则是保证体育教学内容合理性的基础，因为在进行教学内容的选择时，对所选择的内容应该按照体育教学原则的要求进行筛选和检查，如果不符合体育教学原则的要求，那么就应该予以删除。

2. 体育教学原则的形成

通过对体育教学原则含义的了解，可以清楚体育教学原则在体育教学中的重要作用，因此，探究体育教学原则的形成过程，更有利于体育教学的规范。

（1）体育教学原则是体育教学实践经验的概括和总结

自从体育教学成为学校教育的组成部分之后，体育教学工作者一直致力于探索"如何更好地完成体育教学的目标"和"如何提高体育教学的质量"。为了保证体育教学的规范性，体育教学工作者在长期的体育教学实践中，对前人的体育教学经验和现代高校体育教学研究成果进行了总结和分析，探究出体育教学的规律要求。在长期的积累和不断的修订中，最终形成了体育教学的原则。

（2）体育教学原则是体育客观规律的反映

体育教学原则是体育教学工作者根据多年的教学经验和对体育教学历程的研究而制定的，在体育教学中，有着一些共同的规律，这些规律是客观存在的，不受任何环境和情况干扰。在所有的体育教学中，人们也都是依据这些客观规律进行体育教学实践的。

（3）体育教学原则在不断发展和完善

由于体育教学原则是根据人们对体育教学规律的认知和教学特点制定的，所以体育教学原则与人们的认知水平有着本质联系，是受人们的认知水平制约的。随着人们对体育教学认知和实践的不断深入，以及社会的不断发展和进步，体育教学原则将会随着人们认知水平的提高不断发展和完善。因此，要跟随时代的脚步，与时俱进地对体育教学原则进行研究。

（二）体育教学原则的作用

鉴于体育教学原则在体育教学中的重要性，体育教学工作者应该清楚体育教学原则是如何在体育教学中发挥作用的，以及发挥怎样的作用。

1. 使体育教学要求更加明确

体育教学原则是体育教学工作的基本要求和教学规律的具体体现。根据体育教学原则制定的教学要求更具有科学性、准确性和生动性，而且利于学生接受，因此，体育教学原则更加明确了体育教学的要求。在体育教学开展的过程中，相关教育单位或者体育教学小组可以针对体育教学原则的内容对体育教师提出具体的要求。

2. 梳理教师进行教学的思路

体育教学是一个复杂的教学过程，涉及的诸多因素，如根据教学目标进行教学内容的选择和安排，对教学方法的选择和运用，对学生兴趣的培养和管理，对教学条件的准备和优化，对课堂的设定和计划，对学生的研究和方案的制订等，都会增加教学难度。但是如果教师按照体育教学原则进行，那么教学工作就有了明确的指引，教学质量就能得到基本保障。所以，教学原则有助于教师梳理教学思路，保证了教学的科学性。

3. 作为观察体育教学的视角

体育教学原则反映的是体育教学的基本要求，在教学的过程中遵循体育教学原则，满足体育教学要求，这样才会呈现出合理的外部特征和表现。反之，如果不遵循体育教学原则，就不能保证教学目标的顺利实现和教学过程的科学性。所以，可以以体育教学原则为视角观察教学的外部特征和教学表现，从而判断体育教学实施过程的合理性。

4. 作为评价体育教学效果的标准

任何一种对教学的评价都有可能出现主观依附性，导致对教学效果产生干扰，影响体育教学评价的科学性。但是如果以体育教学原则为参考进行评价，不仅能统一体育教学评价的标准，还保证了体育教学评价的客观性和科学性。

（三）体育教学原则的因素与要求

1. 学科体系因素与要求

虽然体育教学与其他学科相比，有着明显的不同，但是每一个学科的教学都应该遵守学科的一般要求，这是教学实施的前提和基本要求。如果在教学的过程中不遵守"学科体系因素与要求"，那么教学就会失去科学性和合理性，朝着错误的方向进行，同时还可能造成教学步骤混乱、教学失去重点、难以达成目标等。

如体育教学原则中的有序性原则、结构性原则、科学性和思想性相统一的原则，都是在学科体系因素与要求上确立起来的。

2. 学生发展因素与要求

学生是学科教学活动中的重要组成部分，是教育活动的承受者和教学效果的表现者，也是教学过程合理与否的体现者。由于学生在成长环境和心智发育上存在差别，因此在教学过程中应该对学生进行研究和分析，把握每一个学生的特点，以便于针对性教学的实施，保证教学的质量，如启发创造性原则、因材施教原则、启发诱导原则、动机原则、积极主动性原则等。

3. 教学法理因素与要求

教学法理因素与要求是根据学生在教学中的接受能力和教学内容的特点，以及学生的心理发展特点和教学方法特点制定的，坚持这样的教学原则能够保证学生学习的合理性和科学性，有利于学生对学科知识的接受和掌握，促进教学质量的提高，如理论联系实际原则、直观性原则、巩固性原则、循序渐进原则、系统性原则、反馈原则等。

4. 教学工作因素与要求

教学工作是教学的中心环节，也是教学最重要的环节。教学工作是教学实施的过程，其中涉及教学形式、教学方法、教学条件和教学过程等因素，而且每一个因素都有其基本的要求，只有在教学过程中认识到这几个因素的重要作用，才能保证教学的准确性和合理性，如教学整体性原则、教学形式最优化原则、教学方法优化原则、教学条件优化原则、教学过程优化原则等。

二、当前我国基本的体育教学原则

（一）合理安排身体活动量原则

1. 合理安排身体活动量原则的含义和依据

合理安排身体活动量的教学原则是依据体育教学的特点以及学生在身体锻炼过程中所能承受的运动负荷的规律而提出的。具体是指在教学的过程中必须体现体育教学的本质特点——身体的活动性，要根据学生的身体状况和运动的特点，保证学生接受的活动量在身体承受范围之内，同时又能够满足学生掌握体育知识和技能的需要，以及身体发展的需要。

2. 贯彻合理安排身体活动量原则的基本要求

根据对体育教学原则的分析和体育教学中相关因素特点的研究，得出了贯彻"合理安排身体活动量"这一原则的基本要求。

（1）运动量的安排要服从体育教学的目标

在教学过程中，教师合理安排体育教学的活动量，实际上就是为了保证教学活动的科学性。因为合理的运动量的安排能最大限度地发挥体育教学的优势，促进体育教学目标的实现。如果教师在对学生进行身体训练的时候，运动量超过了学生的身体承受能力，则会对学生的身体造成伤害，无法实现"促进学生身心健康"这一教学目标。

（2）运动量的安排要符合学生的身体发展状况和身体发展需要

身体运动量的科学性能促进学生身体素质的提高，降低现代生活中一些不利因素对学生身体造成的影响。教师要科学地安排学生的活动量，应该对学生的身体发展状况进行研究，清楚学生身体发展的需要，这样才能保证活动量的合理性。

（3）要通过科学的教程、教材和教法的设计合理安排身体活动量

体育教学运动具有复杂性的特点，运动项目多种多样，有的运动量大，有的运动量小，呈现出不平衡的趋势。因此在教学设计过程中要考虑到学生的运动量问题，以此进行教程、教材和教法的设计。

（4）因人而异地考虑运动量

学生是教学活动的主体，因此要保证教学过程中运动量控制的合理性，应该以学生为重点，根据学生的身体特点因材施教地安排运动量，调节运动量的大小，在达到体育教学对学生整体要求的水平上，根据学生的身体强弱进行运动量的控制。

（5）逐步提高学生控制运动量的能力

在体育教学过程中，除了要促进学生运动技能的提升，掌握相关运动的知识和要求外，还要教导学生一些判断运动量和调整运动量的方法和技巧，帮助他们合理地控制运动量，逐步地学会锻炼身体。

（二）注重体验运动乐趣原则

1. 注重体验运动乐趣原则的含义

注重体验运动乐趣原则是根据体育教学的特点和学生在体育运动中情感的变

化提出的。具体是指在体育教学过程中,传授学生体育相关知识和技能的同时,让学生感受到体育学习的乐趣,这样能使学生喜爱体育运动,并积极参加体育教学活动。

体验运动乐趣是学生参与体育运动和体育比赛的重要目的。同时,让学生体验体育运动的乐趣也是提高体育教学质量的手段,因为体育教学侧重的是学生的学习活动,学生只有在体验到体育运动乐趣的时候,才会增加对体育运动的兴趣。有了兴趣,他们学习的主动性和积极性才能被充分调动,体育教师才能不断提高体育教学的质量。

2. 贯彻体验运动乐趣原则的基本要求

在体育教学过程中,贯彻体验运动乐趣原则的基本要求有以下几点:

(1)正确理解和对待体育运动中的乐趣

每项体育运动项目都有其固有的运动乐趣,这些乐趣来源于这些体育运动项目的特征,体育教师要想充分挖掘和利用运动中的乐趣,促进教学目标的实现,应该正确地理解和对待它们,既不能无视它们的存在,也不能盲目地挖掘,要从体育教学目标、运动的特点、学生的情感倾向等方面深刻地理解体育教学运动中的乐趣。

(2)注重从学生的立场理解教材

教师和学生是体育教学中的两大主体,是教学活动的重要组成部分。教师是教学活动的教授者,学生是教学活动的接受者。由于两者的立场不同,因此理解教材的角度就有所不同。教师往往从教学过程和教学目的两个方面理解教材,学生往往从乐趣和挑战两个方面理解教材。因为学生是教学活动的参与者,是教学方法的受用者,也是教学目标的体现者,所以,应该注重从学生的立场理解教材、理解体育运动中的乐趣。

(3)让每一个学生都能不断获得成功的体验

体育与其他学科的根本教学目标一致,都是提高学生的知识和技能,使学生不断成长。与其他学科教学不同的是,体育教学是一个与学生的身体条件密切相关的教学活动。同时,每一个学生都会受到遗传因素的影响,在身高、体重和运动技能等方面有所区别。如果开展集体的训练活动,那么一些身体条件较弱的学生很容易在学习的过程中感受到差距。所以,为了保证学生在学习过程中的平等性，就必须通过各种教学的加工和教学方法的优化，让学生不断体验成功的乐趣，增加学生的自信。

（4）处理好运动乐趣与运动技能之间的关系

教师处理好运动乐趣与运动技能之间的关系：一方面要让学生在运动过程中享受到成功的乐趣，另一方面又要明确体育教学的目标是提升学生的运动技能，因此在教学过程中要保证两者之间的统一。体育教学中有的内容偏重趣味性，有的则偏重技能性。只有趣味性和技能性两者相统一，才能促进教学目标的实现。因此，在教学过程中，要将趣味性和技能性较强的活动作为教学的重点，同时也要挖掘偏重技能性的活动中潜藏的趣味性，提升教学质量。

（5）开发多种有利于学生体验乐趣的教学方法

在教学过程中，教师除了要重视体育知识的传授之外，还要善于采用多样化的教学方法帮助学生体验运动的乐趣。如在教学过程中，可以通过运动项目的特点，灵活地使用游戏法、比赛法、领会教学法等，让学生能够充分地、平等地体验到体育的乐趣，促进学生形成体育学习的兴趣。

（6）体验乐趣不忘磨炼学生的意志

体育教学的目的是促进学生全面发展，因此在教学过程中不能忽视磨炼学生的意志，更不能一味地迁就学生的兴趣，要让学生在体验乐趣的同时得到磨炼。

（三）促进技能不断提高原则

1. 促进技能不断提高原则的含义

促进体育教学技能不断提高原则是由体育教学的目标、社会的需求和身体发展的需求三个因素决定的，同时也是实现终身体育的基本前提和条件。该原则具体是指在教学过程中教师要通过各种教学方法的运用，不断提高学生的运动技能、提高学生的运动成绩，进而提升体育教学质量。

掌握体育教学的运动技能是通过体育教学提升学生的运动能力、发展学生的运动素质、提升学生运动技能的有效途径，也是让学生体验运动的乐趣、提升体育教学质量的前提，更是判断体育教学目标是否完成、检测教师教学能力高低的标准。

2. 贯彻促进运动技能不断提高原则的基本要求

促进学生运动技能的不断提高，是体育教学目标的重要组成部分，也是体育教学的意义所在。在贯彻这一教学原则的时候，应该做到以下几点：

（1）正确认识运动技能在体育学习中的重要意义

掌握运动技能可以锻炼学生的身体，提升学生的运动素质，促进教学质量的提高。因此，教师在教学过程中，要注重提高学生的运动技能。

（2）明确运动技能学习的目的，有层次地掌握运动技能

体育教学要求学生掌握运动技能，就是为了丰富学生的学习生活，增强学生的身体素质，保证学生的健康成长。因此，在教学过程中，开展以"运动技能的提高"为目的的教学时，要树立"健康第一"和"终身体育"的思想，将体育教学目标根据教学任务进行分阶段的划分，有层次和分门别类地让学生掌握体育教学大纲所要求的运动技能。

（3）要钻研"学理"和"教学"，提高教学质量

要想提高教学质量，首先应该做到"知己知彼"。因此，要让学生很好地掌握体育运动技能，就必须详细地掌握运动技能的规律，特别是教学环境中的各种运动技能的特点和发展的规律。体育教学是一门较为复杂的学科，并且教学的时间相对有限，因此，为了保证体育教学的效率，必须研究体育教学技能提高的途径和规律。

（4）要创造提高运动技能的环境和条件

任何一种技能的学习都会受到环境和条件的影响，只有在环境和条件相适宜的情况下，才能最大限度地发挥教学的作用。影响这种环境和条件的因素，包括教师自身的运动技能和水平、教学场地和器材的优化，以及体育教师对学习氛围的营造。

（四）提高运动认知、传承运动文化原则

1. 提高运动认知、传承运动文化原则的含义

体育运动是通过各种运动体验而形成的一种特殊的运动方式，而且从目前运动在人们生活中体现的价值和社会发展的趋势可以看出，人们对运动的认知能力的提高，不仅有利于身心健康，还有利于运动文化的传承和发展。

提高运动认知、传承运动文化原则就是在进行体育教学时，通过对学生的体育知识和技能的培养，增加学生对体育运动的认识，加深学生对体育运动文化的理解，便于学生对体育文化的接受和传承。

2.贯彻提高运动认知、传承运动文化原则的基本要求

在体育教学中，贯彻提高运动认知、传承运动文化原则的基本要求有以下几点：

（1）重视体育教学中的认知因素

重视体育教学中的认知因素，就是要在教学过程中，注重学生对运动技能的掌握和对体育运动文化的理解。加强学生对运动技能的认知有利于他们在今后的终身体育学习中对运动技能的运用，将体育运动很好地融入生活之中。

（2）注重培养运动表象和再造想象

运动表象和再造想象是学生掌握技能的基础，学生头脑中关于运动表象和再造想象储备的知识越多，对运动技能的接受、掌握就会越迅速和高效。因此教师在体育技能教学过程中，要不断地向学生演示运动的具体动作，并督促学生模仿练习，使动作得以巩固和熟练。

（3）注意开发有助于学生认知的教学方法和手段

方法和手段是实现教学目标的基础。体育教学是一种较为宽泛的教学，在体育教学过程中，要提升学生的运动认知和技能，就必须采取正确的教学方法和手段。在教学方法的选择上，要注重创新方法和层层深入方法的开发；在教学手段层面，要重视对娱乐性较强的教学手段的开发，从而帮助学生提高运动技能水平。

（五）在集体活动中进行集体教育原则

体育教学中的有些活动强调以小组为单位，这有利于在活动过程中增强学生的团结意识，提升学生的集体荣誉感。这也是体育教学的目的之一。因此，在集体活动中要注重集体教育原则。

1.在集体活动中进行集体教育原则的含义

在集体活动中进行集体教育原则是指在学生进行集体性的学习活动时，要注重对集体荣誉感和团结性等集体活动特性的培养，增强集体的凝聚力，使学生形成正确的集体意识，养成良好的集体行为习惯。

体育教学活动主要以协同、竞争、表现为特点，这些特点主要是在集体活动形式中得到体现的。再加上体育教学侧重于室外教学，受到场地、教学活动范围和教学方式的影响，体育室外教学的开展一般以小组为单位，这使得体育教学具有集体性，因此在教学过程中要注重对学生进行集体教育。

2.贯彻在集体活动中进行集体教育原则的基本要求

根据体育集体活动和集体组成的特点,将体育教学中贯彻在集体活动中进行集体教育原则的要求介绍如下:

(1)分析、研究和挖掘体育教学中的集体要素

从体育教学的特点可以看出,体育教学中有很多集体性的要素,因此在进行体育教学的过程中,要注重分析、挖掘具有集体含义的要素,如团队的意识、共同的目标、互帮互助的活动形式等。在进行集体教学的过程中,教师要将这些要素有目的、有意识地融入学生的集体活动和体育学习,以便促进对学生团结意识和集体荣誉感的培养。

(2)善于设立集体运动的场景

在体育教学过程中衡量教学活动是否具有集体性的方法是检测集体是否具有共同目标、是否具有共同的学习平台,因为共同的目标和学习平台是集体运动的重要组成部分。

共同的学习目标是每个学生学习的动机和欲望;共同的学习平台是学习的场所和环境,能够体现集体的存在感。这两个要素能够让学生更好地凝聚在一起,互帮互助完成共同的目标。因此教师要贯彻教学中的集体教育原则,应该善于设立集体运动的场景,如打篮球、进行拔河比赛等。

(3)善于开发有助于集体学习的方法

要合理贯彻在集体活动中进行集体教育原则的手段,必须建立有助于集体学习的方法,这是促进教学目标实现的重要方法。如组织学生进行课堂讨论、分组进行某种运动技能的比赛等,这些教学方法将为体育教学中贯彻集体教育原则提供技术上的保证。

(六)安全运动与安全教育的原则

安全运动与安全教育的原则是体育教学的根本要求,因为开展体育教学的目的就是提高学生的身心健康水平,如果脱离了安全这一宗旨,任何一种教学活动都不能称为科学有效的教学方式。

1.安全运动与安全教育原则的含义

安全运动与安全教育原则是依据"体育运动中的特点"和"加强学生体育教

学的目的"两方面确定的。该原则是指在教学过程中保证安全教育的同时，对学生进行安全意识的培养。

众所周知，体育运动是一种存在一定危险性的活动。初学者或是体质较弱的学生在学习某类活动的时候可能存在风险，但是这种风险是相对的，是可以避免的。因此在体育教学之前，要进行严格的设计，以确保教学的安全性。

2.贯彻安全运动与安全教育原则的基本要求

在体育教学中贯彻安全运动与安全教育原则的要求如下：

（1）教师必须全面细致地考虑到可能存在安全隐患的所有因素

从长期的教学经验来看，体育教学中有很多可能存在安全隐患的因素都是可以预测的，如学生的身体差异、器械的损害、场地的不合理、天气等。在进行教学之前，教师只有根据这些因素进行合理的规划，才能保证教学的安全。

（2）时刻对学生进行安全运动教育

要在教学过程中贯彻安全运动教育，就需要对广大的学生普及安全教育知识，让学生在学习的过程中时刻坚持安全第一的原则，这样才能将安全意识落到实处。

（3）建立运动中的安全制度和安全设备的管理

制度是约束学生行为的一种较有权威性的指标，建立运动中的安全制度，能够让学生在教学过程中自觉遵守安全行为规范，限制危险运动或行为。体育设备是体育教学中不可缺少的条件之一，也是危险的存在载体之一，因此要在教学过程中重视对设备安全的管理。

第四节 高校体育教学方法与环境概述

一、高校体育的教学方法

高校体育的教学方法是实现高校体育教学目标的重要手段，也是开展体育教学活动的主要途径，高校体育教学目标实现的关键在于高校体育教学方法体系的建设。另外，高校体育教学方法具有的科学性和创新性对高校体育教学质量也有着重大的影响。综合分析来看，高校体育教学方法的重要性非常显著，这里将重点研究高校体育教学方法的本质、高校体育教学方法的组成要素、高校体育教学方法的性质与特点等内容，并对高校体育教学方法的选用和发展展开详细的讨论。

（一）高校体育教学方法的基本知识

随着我国高校体育教学制度不断完善，高校体育教学方法也变得丰富多样，为了加深对高校体育教学方法的了解，将对其展开详细的探讨，主要包括体育教学方法的本质、组成要素、分类及性质等内容。

1. 高校体育教学方法的本质

高校体育教学方法主要是指学生接受体育知识的一种运动形式和运动规律，学生要按照教师的要求进行训练。在研究高校体育教学方法的本质时，一定不能将其与训练场地、教学器材及教学手段等同。高校体育教学方法是对物质手段与方法手段的具体运用，而教学手段是指师生在教学过程中相互传递信息的工具、媒体、器材、场地与设施。教学方法与教学手段的概念，两者既有联系又有区别。分析高校体育教育教学方法的本质，应从多角度、多层面去加以剖析，这样才能认识其本质特征。高校体育教学方法的本质特征主要包括以下4个方面：

第一，从体育教学内容的角度来看，高校体育教学内容是高校体育教学方法实施过程中的特殊对象。高校体育教学过程中，使用的教学方法通常是根据教学内容的大纲结构和性质决定的，实践训练时必须灵活运用，将"死板"的教材变得灵活起来，充分调动学生的积极性。

第二，从信息传递的角度来看，高校体育教学方法是师生之间交流的重要方式，借助高校体育教学方法可以传递多种知识信息，还可以将有用的信息进行转换。高校教师通过一定的教学方法，将体育知识、体育技能传输给学生，而学生通过一定的教法与学法接受并储存信息，然后通过反馈方式将信息传输给教师。所以，在高校体育教学过程中，通过实行的教学方法可以帮助教师与学生之间进行更好的交流与沟通。

第三，从师生人际交往与人格影响的角度来看，高校体育教学方法是师生思想、体力活动、智力与心理活动互相影响与作用的一定程度的运动形式。在高校体育教学过程中，通过高校体育教学方法，形成了师生、生生之间的相互影响与作用的特定关系。例如，师生之间的人际关系，往往需要通过教与学发生影响与作用并充分体现出来；而人格的影响，即教书育人，是通过有声与无声的教育活动来施加影响，如教师的品德修养、教学态度、精神风貌以及学生的学习态度、意志品德、组织纪律等都是通过教与学的途径与方法具体而生动地显露出来，并产生重要的影响与教育作用。

第四，从组织管理的角度来看，高校体育教学方法是组织、调控与检查教师"教的活动"与学生"学的活动"的有效方式。国外教学论专家从高校教育教学方法的职能上进一步揭示了高校体育教学方法的本质，对我们深入探讨高校体育教学方法的本质特点具有一定的借鉴意义。例如，苏联教育家巴班斯基将高校的教学方法分为三个组成部分，即组织与实施学习活动的方法、提高学生学习兴趣和积极性的方法及参加学习活动自我检查的方法。也有学者认为：每一种高校体育教学方法都是教师为组织学生的认识活动和实践活动以及确保学生掌握高校体育教学内容而进行的一系列有目的的教学活动。

2. 高校体育教学方法的组成要素

现代高校体育教学中，教师要根据高校体育教学内容选择科学、合理的教学方法，其中教学方法的组成要素包括很多种，可以将其概括为4个方面：

（1）目标要素

体育教育方法必须有一个指向的教育目标，目标作为体育教育的基础，没有它也就没有方法可言，教学方法主要是为教学目标而服务的。

（2）语言要素

语言要素包括多种形式的语言，如口头语言、肢体语言等。

（3）动作要素

动作要素包括身体各种运动动作。体育是以人的身体训练为手段的活动，所以身体训练是必不可少的。

（4）环境要素

环境要素包括学校的地理位置，以及气候、风土等自然现象，此外，还包括配合教学活动而采用的体育器材与场地设施。

3. 高校体育教学方法的分类

当前我国高校体育教学方法有很多，按照不同划分标准可以分为不同类别。

第一，根据教学方法的本质特征分类，包括一般方法和特殊方法。

第二，根据教学目标进行分类，包括传授理论知识的方法、技能教学的方法、锻炼的方法、教育的方法。

第三，根据获得信息的性质和功能分类，包括基本信息的手段和方法、辅助信息的手段和方法。

第四，根据师生双边活动进行分类，包括讲授法和学习法。

第五，根据获得信息的途径和来源分类，包括语言法、直观法和练习法。

4.高校体育教学方法的性质

探讨高校体育教学方法的性质，应全面系统地去分析，以辩证的两点论去认识与掌握它的性质，即高校体育教学方法具有辩证的多重性，具体包括以下6个方面：

（1）高校体育教学方法的独立性与依附性

教法与学法在整个高校体育教学中是由多种要素构成的复合系统，包括一定的组成要素，又按一定的方式进行组合，所以说高校体育教学方法具有相对的独立性。但是，由于制约与影响高校体育教学方法的因素有很多，高校体育教学方法是一定社会、一定历史阶段教育理论与实践的产物，是以一定的科学世界观和方法论为依据的，如教师观、学生观、方法论等都直接影响高校体育教学方法。教学方法必须为一定的教学目标服务，没有了目的性，便无功效性，也不成其法。此外，高校体育教学方法还受到教材内容、教学对象、教学物质条件的制约，因此可以说它具有无法摆脱的依附性。

（2）高校体育教学方法的经验性与科学性

经验是高校体育教学方法的起点，经验性教学方法往往立足于高校教师最初的、最基本的经验，它可以分为体验性方法和经验性方法。经验性教学方法具有以下特点：一是具有明显的感性和具体性，缺乏科学依据，且不具有普遍实用性；二是具有僵硬性，尚没有达到以清晰明确的科学原理为基础的水平，往往能教人如何做，但不能告知人为什么这样做；三是观点和方法过于分散，缺乏系统性。这种方法往往只是凭借个人经验和主观判断，所以具有一定程度的局限性。高校教师只有不断总结经验，将一般经验升华到理性高度，才能深入认识高校体育教学方法的本质与特点，掌握其运行与操作的规律，这样才能由体验型上升到经验型，最后提炼成科学的教学方法。

（3）高校体育教学方法的继承性与发展性

传统的教学方法是高校教师长时期教育经验的结晶，不应持全面否定的态度，而应该在新的教育思想指导下，加以继承和发展，赋予其新的意义。所以，高校体育教学方法应在继承中求发展，在发展中求创新。

（4）高校体育教学方法的稳定性与灵活性

高校体育教学方法在实践中要受到教学目的、教学任务、教材、教学对象等因素的制约。因此，在一定历史条件下，高校体育教学方法具有相对的稳定性，形成了一个基本的教学方法模式体系，如高校体育教学的讲解法、示范法、练习法等等。高校体育教学活动的复杂化、多元化等特点，决定了高校体育教学方法的多样性，在选择与运用教学方法时，必须依据教学目标、教学内容、教学对象与教学条件等因素灵活加以实施。高校体育教学方法是一个动态发展与变化的体系，具有一定的灵活性。

（5）高校体育教学方法的有效性与迟效性

高校教师选用教学方法的目的是追求教学的效益，只有功能性的方法才是教学方法。高校体育教学方法的实用性、有效性是高校体育教学过程中优先考虑的问题和追求的目标，但是选择运用任何一种教学方法时都不能操之过急。因为教学方法的效果往往也会呈现一种迟效性的特点，所以不应该用简单、主观的方法去评价某一种教法的优劣，应细心地观察，重视实验与分析总结。

（6）高校体育教学方法的多维性与综合性

现代高校体育教学方法已经改变了传统高校体育教学方法的直线型模式，形成了多维的教学方法网络体系。教学方法具有双边性：既包括教师的教法，又包括学生的学法；教学方法具有双部性：既包括外部显性的教学方法，又包括内部隐性的教学方法；教学方法具有多目标性：由于现代高校体育教学目标初步确立了教养、教育与发展三大目标体系，相应也形成了体育教学的教养方法、教育方法与发展身体的方法体系。因此，教学方法的多样化与多维性是现代教学方法的一大特色。

实践证明，由于高校体育教学目标的多向性和各种教学方法在完成某些教学任务时各具长处与短处，单一的教学方法往往无法完成多维的教学目标，因而必须综合运用多种高校体育教学方法。综合运用各种高校体育教学方法时应在现代高校体育教学思想与教学理论指导下,依据教学目标、教材内容、教学对象、教学条件等,以获得最佳效果。

(二)高校体育教学方法的选用

随着国家经济水平的提高,我国高校教育也从中受益,高校教学质量越来越高。高校教学的内容组成不只是文化知识,还包括体育活动。在现代高校体育教学中,选择合理的体育教学方法很重要。在选择教学方法时要了解选择依据,并且注意其中的事项。

1. 高校体育教学方法选择的依据

(1)高校体育教学目标

在高校体育教学目标的主要特征当中,多层次性非常显著,主要表现为可以将其分成多个发展目标,如身体素质发展目标、运动技能发展目标、知识理论发展目标、个人情感发展目标等,这些目标体现了高校体育教学目标的不同层次。在不同的教学阶段中,为了实现设定的体育教学目标必须选择合理的体育教学方法。高校体育教学中,理论与实践的教学目标并不是独立存在的,它是多种目标的综合体现,而且不同课程、不同活动的教学内容的重点是不同的。所以,要根据课堂教学内容和目标的重点部分选择发展特定的教学方法,把握重点提升教学质量。课时教学目标是高校体育教学总目标的具体化,具有很强的指导性。课时教学目标不仅包括相关的运动技能和课程理论的内容,而且包括一定的心理和品质等方面的知识,选择高校体育教学方法时要根据不同的高校体育教学目标选择与之最符合的。

(2)高校体育教学内容

针对不同的体育教学内容,高校教师要选取不同的高校体育教学方法。高校体育教学内容与高校体育教学方法之间有着密切的联系,一般情况下,教学内容规划好之后,就会形成相应的教学方法。例如,体育课程的理论知识,应该选择语言讲解法;运动实践的活动,应该选择动作示范法。教学内容的性质不同,选择教学方法时就会受其影响,相同的教学内容选择不同的教学方法会产生不同的教学效果。因此,教师在上体育课时要灵活多变,根据高校体育教材内容选择科学、合理的教学方法有助于提高高校体育教学质量。

（3）高校体育教学环境

随着高等教育水平的提高，我国高校体育教学已经步入一个全新的发展阶段。对于新时期的高校体育教学而言，良好的教学环境至关重要，高校的体育教学环境会对高校体育教学方法的选择产生很大的影响。研究发现，高校的体育设施、课程课时、学生人数，还有外界的社会人文环境等，都是影响教学方法的主要因素。例如，在操场进行体育技能训练时，没有体育器材的帮助很难完成相应的教学示范。所以，高校教师在体育教学过程中，要因地制宜，利用现有的体育教学环境充分发挥其功能，结合现有的器材和场地环境实施教学。

（4）高校教师的自身条件

高校体育发展的快慢，教师资源对其会产生很大的影响。教师是学生学习的引导者，也是教学方法的执行者，教师的自身素质与教学质量有着直接的联系。如果教师的自身能力比较低，那么很难将教学方法的效果最大限度地发挥出来，从而制约高校体育教学活动的顺利进行。因此，高校教师在选择相应的教学活动时，应对自身的专业素养、能力水平和教学特点有客观的理解。

（5）体育教学物质条件

在高校体育教学过程中，教学方法的选择会受到教学物质条件的重大影响。如果一个高校的物质基础比较差，那么体育教学方法应有的价值和作用就很难发挥。反之，当教学物质条件比较全面时，教学方法的功能和作用也能很好地展现。

2.高校体育教学方法选择的注意事项

我国高校在选择体育教学方法时，通常需要注意以下三个方面：

（1）加强师生之间的协调配合

高校体育教学中，最直接的参与者是教师与学生，处理好师生之间的教学关系是非常重要的。如果有一方不配合教学实施，师生之间就很难形成默契的配合，从而导致高校体育教学的质量得不到保障。教学过程分为"教"与"学"，二者之间有着密切的关系，所以采用的每一种教学方法都要重视"如何教"和"如何学"这两方面的教学问题。高校体育教学方法的选用应考虑师生双方的协调配合，避免二者的脱节，这样才能取得良好的教学效果。

（2）加强不同学习阶段的前后配合

在高校体育教学过程中，不同的学习阶段，学生的学习特点会有很大的不同。

高校教师作为执行者，要对学生学习的前后内容合理搭配，并选择合理的教学方法。高校教师选择体育教学方法时，应对学生学习知识的不同阶段的前后配合予以考虑。例如，在学生的动作学习过程中，高校教师应注重指导学生从"模仿型"向"创造型"过渡，并实现二者的有机结合。在学习的初期阶段，学生通常只是进行简单的观察和模仿，随着不断的积累，最终形成自己的动作形式，从而完全摆脱模仿动作。学生从"模仿"阶段到"创造"阶段，这两个阶段既有联系又有区别。因此，在对高校体育教学方法进行选用时，应有意识地避免二者之间的互相代替、割裂。

（3）注意学生内部与外部活动的配合

高校学生学习的阶段中，学习过程包括两种活动，即内部活动和外部活动。学生的内部活动主要包括心理活动和生理机能等方面，而外部活动主要包括个人动作的质量、情绪和专注力等方面。

第一，高校教师在体育教学中要选择合适的教学方法，要多加关注学生内部活动与外部活动的结合。

第二，在选择相应的高校体育教学方法时，应注重学生内部与外部活动之间的配合，高校教师应善于分析学生的内外活动变化，结合指导学生外部活动的教学方法与激发学生内部活动的教学方法，以使学生积极地参与到体育学习中。

第三，针对不同的教学内容，教师在选择体育教学方法时，要对多种教学方法综合分析后再做选择，这样有利于确定最科学的教学方法。

（三）高校体育教学方法的结构及其优化

1. 高校体育教学方法的结构

教学方法的结构是指教学方法系统内部组成的要素及其组合的方式。我们可以从以下三个层面加以分析：

（1）组织结构

组织结构主要是指高校体育教学方法本身的构成要素及其组合的方式，具体可以分为如下三个部分：

第一，语言信号，包括外部信息和无声语言。

第二，实物教具与物质手段，如体育课本、挂图、模型、标志物、录像机、场地、器材等。

第三，实际演练，主要是指通过一系列反复强化练习的实践活动，以达到掌握一定的知识、技术与技能，增强体质和进行思想教育的目标。高校体育教学实践活动与操作练习主要依赖练习者的视觉、听觉、触觉和本体感受的参与，获取有关教学信息的基础是协调一致的教学活动。

（2）逻辑结构

逻辑结构主要是指任何一种高校体育教学方法的实际运用都必须遵循一定的逻辑程序。例如，在运用讲解法时应遵循一定的逻辑顺序，即先讲什么、后讲什么、重点讲什么；在运用分解法与完整法时，教师要考虑是采取"先分解后完整"还是采取"先完整后分解"的逻辑方法。因此，对于任何教学方法的实际操作，高校教师都应预先设计一定的逻辑序列和实施的具体步骤。

（3）时空结构

时空结构是指教学方法各组成要素在时间与空间上的有机联系与相互作用的方式。时空结构主要体现教学方法的时间与空间特征，如在高校体育教学中，为了发展学生体能，运用持续法或间歇法时，都具有明显的时空特征。同时，持续时间的多少，间歇时间的长短，应有一定的量化标准。

2. 高校体育教学方法结构的优化

在高校体育教学方法结构优化的过程中，不是提倡哪一种具体的教学方法，而是从宏观上系统考虑教学的实体要素与非实体要素的优化，并结合教学目标、教学内容、教学对象、组织形式等方面的特点，在微观上将课堂教学方法各要素组成最佳结构。实体要素是指体育教师、学生、场地与器材；非实体要素是指高校体育教学的指导思想、师生的态度与能力、教学方式。相比非实体要素，实体要素是影响与制约高校体育教学方法的可见因素。教师与学生是高校体育教学方法的动力与轴心，离开了师生，教学方法也就不存在了。教学内容是影响与决定教学方法的一个变量因素，而场地、器材是教学方法依存的物质条件。非实体要素对高校体育教学方法具有潜移默化的影响，教学指导思想对高校体育教学方法具有导向与规定作用，教学思想的导向作用是贯穿于各个要素之中的，并通过一条主线将各个要素连为一体，从而产生整体的运动。另外，师生的教学态度及能力也对高校体育教学方法产生着重要的影响。

综上所述，优化高校体育教学方法的结构，提高教学方法的效益，主要应从实体要素与非实体要素入手。从整体出发，优化各个要素并使之产生协调的整体运动，以寻求优化与高效的统一。在实体要素中，应发挥好教师与学生这两个教学主体的能动作用，达到教法与学法的高度和谐，即教师应努力达到这样一个标准和境界：愿教—会教—乐教，而学生应努力做到：愿学—苦学—会学—乐学，这样才会为高校体育教学方法结构的优化创造一个良好的主客观条件。从微观上来说，要研究高校体育教学方法的组织结构、逻辑结构与时空结构。在现代高校体育教学理论指导下，根据教学目标、教学内容、教学对象、教学条件将各种教学方法的要素组成最佳结构，使之充分发挥其应有的功能，并在此基础上进一步优化重组，使其功能更加强大，从而不断提高高校体育教学质量与技巧水平。

（四）高校体育教学方法的发展与改革

高校体育教学工作是一项复杂的、系统的工程，面对如今学生日益成熟的心态和特定学龄段的人生观、价值观，高校体育教师的教学工作确实面临着前所未有的挑战，教学成果出现了一些不稳定因素。在诸多因素中，教学方法起着至关重要的制约作用，它是高校体育教学质量的重要保证，也是关乎教学效果成败的关键。

在各个高校不断推进新课程改革之际，高校的体育教学改革也正处在十字路口，教师把不同形式的探讨课、研究课、兴趣教学课都纷纷展示出来，但是不管如何去改，最终的目的都是要得到学生的喜欢与认可，要切实符合学生的特点，调动他们的积极性与主动性。

1. 实现双方换位思考和角色转换

在高校体育教学中，教师要转变角色，更多地站在学生的角度来思考问题，把课堂的氛围从"一言堂"改为"群言堂"，教师主要为学生提供引导和帮助。高校体育教师要让高校学生积极参与到课堂教学活动当中，展示学生的才能，发展学生的个性，使其真正成为课堂教学的主人。

现如今，如何实现学生在课堂中的主体地位，需要教师充分认识自己在现代高校体育教学中的地位和角色，这样才能最大限度地发挥教师自身的作用。通过导趣，引导学生乐学；通过导思，引导学生活学；通过导做，引导学生善学；通过导法，引导学生会学。如此建立学生与教师之间的双边教学活动关系，才能把课堂教学活动提高到一个新的水平，当师生实现双方换位思考和角色转换后，则会自然地呈现出一种融洽的课堂气氛。

2. 合理分解授课程序，改变课堂授课结构

在日常运动技能教学过程中，合理地分解授课程序是教学的一个新思路。例如，第一步，用5～6分钟的时间让学生充分发挥优化组合的自择权，采用自发分组的方式进行自主学习；第二步，用3～4分钟的时间对学生的问题和出现的不规范动作进行讲解示范；第三步，用6～7分钟的时间让学生自己去解决存在的问题和纠正不规范的动作；第四步，用5～8分钟的时间对学生提出的问题进行解答；第五步，用8～11分钟的时间让学生巩固学习的成果，并尽可能地为各类学生提供更多的表现机会，让学生运用最基本的体育知识去掌握体育技能。

除此之外，体育教师开展的课程教学可以结合多种游戏进行授教，凭借丰富多样的教学内容来调动学生的积极性和创造性，给予学生足够的选择权，让学生在潜移默化中学习，并掌握相应的基础技能和基础知识。通过学习运动技能，大多数学生将学会多种基本的运动技能，在此基础上培养自己的兴趣爱好，形成一定的运动特长，为终身体育奠定良好的基础。高校教师作为学生的指导者，要与学生共同参加体育活动，积极参与到学生活动当中。这样既能与学生一起运动，又能在运动中发现学生的错误动作，帮助学生及时纠正，为学生提供正确的练习方法和技能。

3. 增强运动体验乐趣的分享过程，增强成功感

高校学生对体育技能的学习与掌握达到一定要求后，教学中应该增加一个环节，即运动体验的分享过程。教师用5～8分钟的时间让学生自由组合，在小组之间互相交流、互相学习、互相纠正，感受参与运动带来的成功与失败、快乐与艰辛、竞争与合作等丰富的内容。

高校学生的心智不断成熟，掩饰情绪的能力不断增加，如果教师不注意观察学生情绪的波动，就不能有效地把握体育课堂的教学效果。教师应该在课堂教学中让学生感受到"成功感"或者说"成就感"，"成功感"能够有效激发学生的积极性，它是提高学生兴趣的良好催化剂。"成功感"的增强会对学生兴趣的产生和保持起到促进的作用。教师在对学生进行指导的过程中，要充分肯定学生身上的优点和获得的成绩，让学生感受到足够的尊重，并且以欣赏的眼光看待学生。

4. 加强课后反馈机制，引导学生形成自评意识

首先，教师应该更多地增加课后反馈机制。具体来说，就是让每一个学生用

1~2分钟的时间来评价自己在学习的过程中所取得的成绩。每个课时上完之后，让学生进行自我总结，对自己的学习成果做综合评价，同时也要让学生养成与同学之间相互评价的好习惯。这种评价可以使教师更好地了解学生的学习情况，而且自我评价和总结有助于学生加深对知识内容的理解，有助于学生对学习活动产生自我期待，促进学生自学、自评能力的提高，为学生之间的相互交流创造更多的机会。高校体育教师要引导学生形成良好的自评意识，帮助学生初步形成良好的体育观与健康观，养成良好的锻炼习惯。

其次，高校体育教师应该以身作则地融入这种环境中。高校体育教师要进行自我评价、自我总结，同时也应该欢迎学生来评价自己，在师生之间建立一个和谐的交流平台，使课堂上欢乐轻松的氛围能够长久地在学生的脑海中印刻。

二、高校体育教学的环境

任何高校体育教学活动都必须在一定的体育教学环境下进行，脱离了体育教学环境，体育教学活动也就不复存在。普通高校的体育教学环境作为一种特殊的教学环境，是一个由多因素构成的复杂系统。以下将对我国高校体育的教学环境展开详细的讨论。

（一）高校体育教学环境的定义

我国通过多年的努力研究，对高校体育教学环境的定义有了统一的认识。高校体育教学环境是一种特殊的人类生存与教育环境，是为发展师生的身心需要而组织起来的体育教学的空间领域，是为了师生更好地进行体育教学、运动锻炼、体育竞赛而主动地利用环境、适应环境、改造环境的产物。高校体育教学环境是学校体育教学活动所必需的主客观条件和力量的整合。

高校体育教学环境由两种环境组成，即物质硬环境和主观软环境。

物质硬环境作为高校体育教学环境的基本条件，将会对体育教学产生最直接的影响。如果体育器械不及时更新和保养，就会增加安全事故发生的概率，对学生的生命健康造成直接伤害，影响学生的课外体育活动。

高校体育教学的主观软环境一般相对隐性，它对高校体育教学活动的影响通常借助于人这个载体而体现出来。虽然其隐匿于无形之中，但是对高校体育教学的影响并非可以被忽略。在一定条件下，主观软环境的影响甚至超越了物质硬环境。例如，高校体育传统思想、体育文化精神、体育课堂教学氛围和课外锻炼风气等，都会对高校体育教学产生重要的影响。高校的体育思想和体育文化不是一朝一夕就能形成的，需要长期培育和营造。人际环境的状态也影响着教师和学生的情绪、认知和行为，从而影响体育教学的效果。

（二）高校体育教学环境的功能

高校体育教学环境通过自身功能不断地对体育教学活动、个体发展等产生影响。现代高校体育教学背景下，高校体育教学环境的功能主要有以下四种：

1. 导向功能

普通高校体育教学环境通过自身作用，引导学生接受一定的价值观、行为准则，以保证他们向着社会所期望的方向发展，即体育教学环境的导向功能。

2. 凝聚功能

普通高校体育教学环境以自身特有的影响力，将不同地理区域、社会阶层、家庭背景的青年学生聚合在一起，在环境中使他们不断实现自我，并产生归属感和认同感。

3. 健康功能

普通高校体育教学环境能对师生的身心健康产生重大的影响。良好的体育教学环境能调动学生参与体育锻炼的积极性，进而提高身体健康水平；良好的体育教学环境可以培养学生良好的心理。因此，对学生来说，体育教学环境是他们身心健康发展的必要保障。

4. 激励功能

普通高校良好的体育教学环境可以对教师的工作热情、动机起到激励作用，能有效地提高其工作的积极性，能有力地推进学校教育教学工作的开展，进而提高体育教学工作的质量。

（三）高校体育教学环境的特性

高校体育教学环境在体育教学中发挥着重要的作用。教学环境的各种特性对教学有着重大的影响，可以概括为五种特性，即规范性、教育性、主导性、差异性和动态性。

1. 规范性

高校体育教学环境的建设是按照国家教育部门的制度和方针进行的，是一种符合学校培养目标、适合学生身心全面发展的育人场所。高校体育教学环境具有一定的规范性，符合教学各个方面的需求。普通高校体育教学环境具有易于调节、控制的特点，即教师可以根据体育教学活动的需要，调节控制体育教学环境以及各个构成要素。

2. 教育性

高校体育教学环境最根本的特性就是教育性。高校体育教学环境具有特殊的育人功能，其教育性必须得到充分的体现。高校体育教学的硬环境是体育教学活动赖以进行的物质依托，同时构成体育教学硬环境的各种环境因素也具有一定的教育意义。而体育教学的软环境会对学生产生潜移默化的影响，并且这种影响是非常深远的。所以，教师和学生在利用教学环境的物质功能时，由于它是一个特殊的育人场所，因而需要师生更加关注高校体育教学环境所具有的教学意义。

3. 主导性

高校体育教学环境是由多种物质因素组成的一个有机整体，不同的因素对其产生的影响和作用是有差别的。其中，总会有一个或几个重要影响因素所产生的作用是比较深远的，即总会有一个或几个因素决定、支配着体育教学环境的发展。所以，这里说的主导性反映的是体育教学环境中一个或几个因素的主导作用。

4. 差异性

高校体育教学环境的差异性主要表现在两个方面，即地域差异性和高校性质差异性。因为高校体育教学环境的差异性主要受环境因素的影响，如地区不同和高校的性质、种类、层次等的不同。不同的环境因素共同作用产生的结果自然会有很大不同，所以各高校体育教学环境具有显著的差异性。

5. 动态性

动态性也是高校体育教学环境显著的特征，主要表现在三个方面：首先，高校体育教学环境是一个特殊的育人场所，所以它是一个动态的开放系统，这样才能促进教学环境的改善，实现与外界信息交换的功能。其次，教学环境的影响因素有很多种，影响因素会不断发生改变，有些因素会向有利的方向转变，有些因素会由主要因素向次要因素转变，而有些次要因素会成为影响高校体育教学环境的主要因素。最后，随着时代的发展，国家的高等教育水平也在不断提高，对高校体育教学环境的评价标准会随之不断完善，所以高校体育教学环境的建设是需要持续进行的。

（四）高校体育教学环境的影响因素

高校体育教学环境又可以分为两大类，即物质环境和心理环境。这里针对两种不同的教学环境，分别讨论各自的影响因素。

1. 物质环境的影响因素

（1）经济基础

一个国家物质水平的高低主要受到经济基础的影响，经济水平的高低直接影响着国家教育事业的发展速度和建设规模，只有强大的经济基础才能促进高校教育的建设和发展。

（2）科技发展

新时代背景下，科技创新是社会发展的重要思想，一切形式的社会活动都是在科学技术的推动下进行的，科技为社会高速的发展提供了强劲的动力。随着科学技术的进步，我国高校体育教学的教学理念也发生了巨大变化，先进的科学技术不仅能够改变教师的教育观念，还为我国高校体育事业的发展指明了方向，从而不断完善高校体育的教学方法。进入21世纪，先进教学设备的使用大大提高了我国高校体育的教学质量，地区高校的教学环境也得到了极大改善，这些先进的教学设备为学生更快地掌握体育知识提供了技术保障。

（3）自然条件

高校体育教学的理论知识是在教室内进行的，而运动技能的训练一般在室外运动场进行。室外的实践训练会受到外界自然条件的影响，因此我们需要良好的自然条件作为依托。在良好的自然环境下教学，可以使学生的心情更加愉悦，能够提高学生的学习效率，更好地培养他们的学习兴趣，有助于提升高校的体育教学质量与教学环境。

（4）体育场地、器材

教学活动是由教育者、受教育者及教学物质共同组成的。针对普通高等体育院校最重要的教学媒介来说，体育场地与器材是教学媒介中最重要的组成部分之一，良好的教学媒介是学校体育教学活动有效开展的保障。

（5）教师队伍配置

教育经费是学校得以正常运行的重要保证。同样，体育经费是学校体育教学器材及时添置、运动训练继续开展的重要保障。教育经费的充足对改善学校硬件条件、吸纳优秀骨干教师来改善师资力量具有重大的促进作用。现代高校体育教学中，教师队伍配置对体育教学环境产生了重要的影响，高校要不断扩充教师资源，为高校体育教学提供强有力的保障。

（6）教学组织模式

新时代背景下，高校教育"以人为本""以学生为主体"的教学理念逐步推广开来，但是教学的过程中要注意班级的人数。人数过多，会增加教师的授课压力，导致师生之间的互动效果变差，不利于学生学习新的技能。

2. 心理环境的影响因素

（1）校园体育文化

校园体育文化是校园文化中一个重要的组成部分。我国大部分高校体育院系都有着丰富的历史文化底蕴，对于学校的体育宣传工作会利用多种有效的途径，如雕刻一些具有校园体育精神的雕像，校园新闻滚动屏会播放一些实时体育比赛等。

（2）教育政策

教育政策的完善能够促进高校体育教学更好地发展，它为高校体育教学深化改革和进步提供了强大的动力。首先，国家规定的政策和制度为高校体育教学提供了发展方向，具体表现在建立学校的教育制度，选拔安排学校的行政人员，并对学校的体育工作作出科学的调整。其次，教育政策对学校的创设和取消、教育经费的投入和使用有着指导和调控作用。最后，通过对高校领导和教师职工的工作作出评价，选拔和任免一些相关人员，间接地影响高校体育教学的改革和发展。总体来讲，一所高校的体育教学想要更好地发展，必须有国家政策的支持。

（五）高校体育教学环境的优化策略

1. 优化高校的体育课堂教学环境

在高校体育教学实施的过程中，体育教师的"教"与学生的"学"是在特定教学环境中表达的过程。高校体育教学环境作为一种相对独立的学习形态，能够反作用于高校体育教学主体的行为。所以，加大对高校体育课堂教学环境的优化，对于促进高校体育教学目标的达成有着重要的意义。这就需要教师充分尊重学生的主体地位，为每个学生创造良好的体育锻炼与学习机会，鼓励学生在学习的过程中敢于展示与创新。同时，在高校体育教学的过程中，要以现代化的媒体为平台，实现体育教学信息、体育教学评价、学生体育需求等信息的畅通，从而为高校体育教学环境的构建提供完善的保障措施。

2. 构建与优化高校班级体育的氛围

班级作为高校的基本构成单位，良好的班级氛围对于提升高校学生体育锻炼的积极性与趣味性有着重要的意义。因此，在高校体育教学环境构建的过程中，以班级为单位来开展体育工作、培育体育特色是一种切实可行的方法。同时，为了更好地提升班级的凝聚力，实现体育对高校学生认同目标的统一，也需要借助体育竞赛等来促进这种目标认同的一致性。融洽的人际关系对于构建良好的班级体育氛围有着不可替代的作用。

3. 优化高校的体育物质环境

高校体育教学的物质环境既包含自然时空环境，又包含体育设施环境。针对自然时空环境，应结合各地气候生态条件因地制宜地开展相应的体育运动教学项目，如北方冬季可利用降雪开展冰上运动，而南方可利用水资源丰富的优势，优化开发水上体育运动。对于体育设施环境，可尝试利用社会资本多方合作筹建场馆和购买器材，保证体育教学活动开展的需求。

4. 优化高校体育课程教学设计体系

高校体育课程体系的优化设计，可尝试从课程目标、课程设置、课程内容和课程评价几个方面着手，遵循体育教学的客观规律，进行多样性、创新性的开发设计。例如，注重课程内容资源的开发和设置，结合时代的发展和学生的兴趣进行设计，开设轮滑、攀岩和体育舞蹈等新兴体育运动项目，使体育课程内容多样化；在课程评价方面，尝试将高校学生的学习态度、课堂表现和体育精神等纳入考核评价体系中，改变单一的评价方式，重视对高校学生体育参与性进行评价。

5. 优化高校体育教学的情感环境

情感环境是融洽的课堂氛围、积极乐观的情绪。优越的情感环境离不开师生间良好的互动，作为教与学的主体，教师要引导学生发挥自身的主观能动性，而高校学生则需要强烈的自我主体意识得到尊重。教师的肯定及鼓励会提高学生学习体育的主动性和积极性，更为重要的是学生的兴趣和信心会被激发出来，学生的自我潜能一旦得到激发，在课上的情感体验会积极主动，课堂氛围也会融洽，课堂教学效果也会得到高质量的保证。

6.优化校园体育文化环境

校园体育文化环境是学校内部一种特定的体育文化氛围，是以高校学生为主体，以课外体育文化活动为主要内容，以大学校园为活动空间，以校园体育精神为体现的，是体育教学活动中的人文特色环境。在校园体育文化中，加强"规则意识""责任意识"等正能量的宣扬，让高校学生在无形之中得到熏陶，内化为健康的意识规范，养成积极的学习习惯。

总之，由于高校体育教学环境的影响因素呈现多样化，且处在不断的变化之中，因此，对高校体育教学环境进行优化时，要结合当地教育情况因地制宜，在遵循客观条件的基础上，做出适用的、安全的、系统的优化方案，科学、合理地提升教学环境，更好地促进高校学生的身心全面发展并取得良好的教学效果。

第二章 高校体育教学模式的发展概况

本章主要介绍高校体育教学模式的发展概况,从四个方面展开叙述,分别是高校体育教学模式的内涵、高校体育教学模式的构成要素与建构、高校体育教学模式的发展方向以及高校体育教学模式的特征与功能分析。

第一节 高校体育教学模式的内涵

所谓教学模式，就是具有一定的功能与结构、按照一定的设计原理而形成的教学活动模型。无论是理论构想，还是实际应用的完整策略与方法，教学模式都进行了综合的考量，形成了一套完整的，包括设计、组织、教学活动调控的方法论体系。随着时代的发展与进步，教学模式承袭前人的研究成果，不断地被赋予新的内容，迎来进一步的发展。美国学者韦尔和乔伊斯是最早提出教学模式这一词的，在他们的理论中，教学模式就是"试图系统地探讨教育目的、教学策略、课程设计和教材以及社会和心理理论之间的相互影响，以设法考察一系列可以使教师行为模式化的各种可供选择的范型"[1]。

大体来看，目前我国对于教学模式有着以下几种看法，即方法论、结构论、策略论、过程论等。无一例外，它们都指出了教学模式所具备的稳定性特征。

探究教学模式的实质属性，需要了解它的上位概念"模式"。关于"模式"的概念，涉及人的两方面的行为，其一为对事物的稳定认知，其二为对事物的稳定操作。其中前者构成了认识模式，而后者则构成了方法模式。因此可以认为教学模式的两层基本含义应该是认识模式和方法模式。教学模式是教学方法与教学形式的结合体，其中作为支撑的"骨骼"是"过程的结构"，而附着在上面的"肌肉组织"是"教学方法体系"。

所谓的体育教学模式，就是蕴含着一定的体育教学思想，在所对应的教学环境下达成其特定的功能，是一种有着一定结构和框架的有效教学活动。从本质上来说，对教学经验的整理与概括就是教学模式的来源，其中教学实践是形成教学模式的基础，但是要注意，教学模式所呈现的并不是简单的个别教学经验，而是具有一定的普遍性。教学模式作为连接理论与实践的桥梁，能够对教学实践进行相应的指导，同时，也能为新的教学理论的提出提供支持，作为中介，起到了较大的作用与影响。与其他的学科相比，体育教学有着更加复杂的教学过程，所以体育教学模式也必须包含更多的内容，例如训练过程、学习过程、游戏过程等，

---

[1] 张筱玮，纪德奎，张红妹.校本教学模式研究[M].天津：天津人民出版社，2016：113.

并且要遵循与体育相关的规律，如竞赛规律、认知规律、身体锻炼规律和技能形成规律。

第二节　高校体育教学模式的构成要素与建构

一、高校体育教学模式的构成要素

高校体育教学模式的构成要素主要有五种，详细内容如下：

（一）教学思想

在教学模式当中，教学思想是其核心因素。体育教学模式构建时所应具备的理论和思想就是教学思想，也可以理解为，教学模式是需要以教学思想为理论支撑的，不同的教学思想理论会构建不同的教学模式。比如，1980年我国构建的愉快教学模式就是以同时期学生的实际需求为基础的，提高了学生的参与度，激发了他们的参与热情，与此同时，还有助于他们养成终身体育的良好习惯。

（二）教学目标

体育教学模式存在的意义就是促进教学目标的完成。倘若没有教学目标，那么体育教学模式的存在也毫无意义可言。体育教师在开展某些体育教学活动时，会根据学生的具体情况对产生的教学效果作出预测，这就是体育教学模式所能达到的教学效果。体育教学主题的具体编写就是教学目标，教学模式是围绕教学目标存在的，同时，教学目标也会对教学模式的其他构成要素起到限制的作用。

（三）操作程序

操作程序就是教学活动中的环节和流程。体育教学工作中，按照时间顺序逐次进行的逻辑步骤和各个步骤的具体执行方法就是操作程序。不管采用何种教学模式，操作程序都具有独特性。此外，操作程序并不是固定存在、毫无变化的，但总体而言，它具有相对稳定性。

（四）实现条件

实现条件是对操作程序的补充，主要就是教学模式中具体使用的方法和策略。实现条件主要有人力、物力、财力三方面的内容。进一步来说，也可以理解为教师与学校、教学内容与时空和学校所具备的设施设备等。

（五）评价方式

不同的教学模式适应不同的教学目标，并且在使用的程序和条件方面也是不尽相同的。所以，每一种教学模式都有与之相对应的评估准则和方法，并且相对应的评估准则和方法都是独立存在的。在实际的教学过程中，是不会采用完全相同的评判准则的，因为会造成评估结果缺乏合理性和科学性。

二、我国新型高校体育教学模式的建构

（一）新型体育教学模式的理论基础

1. 新型体育教学模式的现代课程论基础

教学是课程中的重要组成部分，因此若想建立相应的教学模式，就必须以课程理论为基础。现代体育课程理论基础的主要内容可分为以下几个方面：

（1）体育课程目标实现多元化

增强学生的健康体质是体育课程目标当中的首要目标，但同时，体育课程目标也注重培养学生的创造力与个性以及体育文化素养，结合课程内容，将团队精神、道德教育等素质培养融入体育教学过程当中。与此同时，体育课程教学目标追求的是更为长远的发展，致力于为学生终身参加体育活动打下良好基础，为此在传授学生相关的体育知识、培养相关技能时，着重注意激发学生的体育学习兴趣、培养学生的体育能力与体育习惯。

（2）课程内容注重学校体育主体需求

随着时代的不断发展，对于体育的需求也呈现出多元化的态势。只有满足了这个需求，激发学习兴趣、形成稳定的心理状态，才能达成终身教育的最终目标。因此在教学过程中，一是要注意将竞技运动项目进行教材化，二是注意传授保健知识、体育基础知识、身体锻炼与评价知识等终身教育所需要的相关内容。

（3）现代体育课程论与新型体育教学模式

从 20 世纪 60 年代至今，课程理论出现过两次世界性的变革，一是学科中心课程论，二是人本主义课程观。体育课程当中所涉及的技能、体质、技术教育思想是学科中心课程论在体育课程中的映射，直到今天都在继续影响着体育课程的发展与改革。

①新型体育教学模式的目标取向

课程目标会影响到教学目标，如果没有新的课程目标，那么新的教学目标也就无从谈起。目前，新的教学目标所包含的内容得到了进一步的丰富，不仅有运动技能目标，还有个性、能力、情绪、态度等目标。

②新型体育教学模式的价值取向

学生的个性培养与全面发展的结合与统一是新型体育教学模式的价值取向。学生的发展离不开体育学科的相关知识内容的学习，只有做到了这一点，才能有利于学生进一步提升自己，实现全面发展。

③新型体育教学模式的教学设计思想

新型体育教学模式设计的基础是课程问题中心设计模式。所谓课程问题，就是教学内容的需求以及学生的发展需求。因此在进行教学设计时，学生必须作为一个完整的个体，投入到教学中来，这样才能让学生在攻克难题的过程中对学科知识进行全方位的掌握。

2. 新型体育教学模式的现代教学论基础

教学论流派众多，诸如认知教学理论、建构教学理论、探究发现教学理论、情意交往教学理论等。这里以建构教学理论为例，探究对其起到支撑作用的相关理念。在建构教学理论当中，全面发展学生的自主性、创新性、主动性是主要的教学目标，即具备"能够在现实的生活世界中应用知识的能力"。简单来说，就是引导学生学会学习，并对学习进行一定的调控。与其他的教学理论相比，建构教学理论更加注重表现下面三个方面的重心转移：一是由"个体户"式的学习模式转变到"社会化"的学习模式；二是由关注外部输入转变为内部生成；三是由"去情境"式的学习模式转变为情景化。如果对各个教学理论流派进行深入分析，不难发现它们有一个共同之处，即追求学生的"主体性"。所谓的学生的自主性，即学生的自我能力与自我意识，包括自尊、自信、自决、自爱、切合实际的自我判断、积极主动的自我调控和自我体验等。当学生的自主性和主动性发展到高级阶段的时候，就会表现为创造性，即创造的思维、创造的意识和动手实践的能力。教师的传授与教学是外部因素，学生的自主学习是内部因素，内因在一定程度上会受到外因的影响。只有尊重学生的差异，因材施教，才能令学生的主体作用得到进一步的发挥。

（二）新型体育教学模式的性质与设计

1. 体育教学模式的基本属性

体育教学模式有以下几个基本属性：直观性、稳定性、理论性、可评价性。

（1）直观性

直观性也被叫作可操作性。基于这个属性，人们可以通过观察其独特的教学课程安排与教学环节来判断其所属的教学模式类型。

（2）稳定性

确立一种教学模式，归根结底其实是确立一种新型的教学过程结构，那么既然是结构，就必然有着相对应的稳定性。

（3）理论性

任何发展成熟的体育教学模式都必将承载某种特定的指导思想，作为一种教学程序对教学过程理论进行体现。

（4）可评价性

任何一个发展成熟的体育教学模式，都会有一个与之对应的评价体系。也就是说，在任何一种教学模式下，都可以对采取这种教学模式的教师进行清楚明晰的教学评价。这种教学评价不仅针对教师对于教学模式的理解程度，也针对教师的参与度、认知度和学习能力，然后基于对应的评价体系进行科学的、系统的评价。

2. 新型体育教学模式的特征

新型体育教学模式应当具备以下特征：

（1）教学目标

在教学目标方面，新型体育教学模式将围绕着21世纪的人才培养需求并结合高校学生的身心特点等方面进行具体能力的培养。

（2）教学指导思想

新型体育教学模式中的教学指导思想，就是将高校大学生对体育的需求与社会对体育提出的要求进行有机结合，从而在满足社会需求的基础上实现学生的全面和谐发展统一。

（3）教学程序

在新型体育教学模式下，需要在教学程序中融入运动目的论的相关思想，引导学生理解、参与学习过程，体验体育学习的乐趣。对于教师来说，也需要改变以往的被动性、机械性、统一化、划一化的做法，才能更好地适应新型体育教学模式。

（4）教学方法

新型体育教学模式下的教学方法，主要以主体性的教学观念为基础，提供相对应的个性化、个别化教学方法。

（5）教学评价

新型体育教学模式下的评价以达成主要的学习目标、养成兴趣习惯能力、树立积极主动的学习态度、营造活跃的学习氛围、充分发展学生个性为评价准则。

（三）体育教学模式整体优化研究

1. 体育教学模式整体优化的原理和原则

依据系统科学理论的观念与思想，可以得知世间的任何过程与事物，本质上都是按照合乎常理的相关规律，由各个部分组合而成的有机整体，并非毫无章法地随意堆叠。并且，所形成事物的整体功能要远大于各个部位所具备的功能总和。这就是体育教学模式整体优化的原理。

体育教学模式整体优化的原则主要可分为以下两个方面：第一，综合性原则。体育教学模式是开展一系列工作的基础，只有建立好综合性的体育教学模式，才能进一步实现体育的教学目标，完美执行体育的教学内容。第二，整体性原则。整体性原则即用整体性的发展眼光去审视体育教学模式，这有助于在开展实际的教学活动中，更科学、精准地把握教学活动内容、环节与教学模式结构。

2. 体育教学模式整体优化的内容

体育教学模式的结构受到多方因素的影响，例如教学条件、教学思想、教学程序、教学方法、教学内容等。接下来，针对教学内容对体育教学模式结构的影响进行分析，进一步优化多元的体育教学模式。

（1）根据不同教学思想优化体育教学模式

在制定体育教学模式时，体育教学思想作为其灵魂，为其赋予了相应的生命力，从而为教学模式的发展指引了方向，以促进实现预期目标。将教材内容按照不同的性质进行划分，可将其归为两类，即介绍型内容与精细教学型内容，由此可以使教学思想更加明确且具有一定的条理性，从而在整体上使之符合指导思想的大方向。针对这种类型的教材，其教学模式的构建应以体能训练类和情感体验类为主，这种教学模式在技术层面上没有难度，比较简单，因此学生可以在轻松的学习环境中既体会到体育运动的乐趣，又提高自己的身体素质，分别可以选择成功体育教学模式、快乐体育教学模式、自练式教学模式、训练式教学模式等。

（2）根据单元教学不同阶段优化体育教学模式

在精细教学中，大纲对各个项目所需的学习进行了确定，以保证按时完成体育教学中各个单元的教学任务目标，促使学生熟练掌握运动技能。当进展到最后一个阶段时，学生已经基本掌握了所学习的各种运动技能，因此在这个阶段应当以能力培养模式为主，不断重复练习各种技能，仔细琢磨每一个动作细节，使运动技能得到进一步的巩固。

（3）根据不同的外部教学条件优化体育教学模式

体育教学的条件可分为以下两类：一是不固定的软件，二是固定的硬件。

（4）根据学生基础优化体育教学模式

在教学活动当中，学生处于主体地位，而教师处于主导地位。主体与主导共同构成了体育教学活动的主要因素。所以在进行教学模式选择时，应当充分考虑学生与教师的具体特征与具体情况。

第三节　高校体育教学模式的发展方向

随着当今社会的不断发展与进步，现代教学思想也在不断发展。当前我国高校的体育教学正面临着一场巨大的变革，其中对体育教学模式的改革研究与实践作为一项重要的课题，得到了许多学者的广泛关注。为了改善当代高校体育教学现状、解决高校体育教学所面临的困难、促进高校体育教学的长足发展与创新，必须深入研究体育教学模式的理论与实践。

一、指导思想

在高校体育教学改革的浪潮下，高校体育课程教学形成了以下几种指导思想：

（1）自然体育的指导思想

自然体育的指导思想要求学生遵循自然适应性原则，自主地去进行体育锻炼与体育运动学习。

（2）技术教学的指导思想

技术教学的指导思想比较典型，注重体育动作技术的学习与传授。

（3）培养能力的指导思想

培养能力的指导思想侧重于培养学生的各种体育能力。

（4）体质教育的指导思想

体质教育的指导思想目的性比较明确，即增强学生体质，拒绝将竞技类体育划入学校体育的范围。

（5）竞技教学的指导思想

竞技教学的指导思想是采用有关于竞技运动项目的教材作为中心教材，对学生进行竞技类项目的训练。

（6）全面发展的指导思想

全面发展的指导思想注重高效完成学校体育课程的各项指标，促进学生德智体美劳全面发展。

（7）快乐体育的指导思想

快乐体育的指导思想，顾名思义就是营造轻松愉悦的学习氛围，让学生进行快乐的锻炼与学习。

（8）终身体育的指导思想

终身体育的指导思想立足于长远发展，对眼前的得失与结果并不过分看重。

由此可以看出，只有体质教育的指导思想与其他思想有所不同，不同之处在于其他思想都是以运动技术教学为主的。目前较受推崇的是全面发展的指导思想。

随着我国近几年的研究和探索，并在原有的基础上进行大胆的尝试与改进，从中发现了多种教学模式。

体育教学的模式随着人们对体育教学理解的逐渐深刻发生了很大的变化，而且随着教学理念的升级在不断发展。高校体育教学模式的选择要根据两方面进行取舍：其一，要根据人们对各种教学模式的了解程度；其二，要根据人们已经形成的教学理念和教学思想。目前，普通高校体育教学还是注重学生的自主性以及自主选择性，以此来满足学生各方面的需求。

二、发展方向

一般来说，不管是哪一种教学模式，一旦形成就会具有相对的稳定性，但是，其内部的结构及其要素还是会发生改变的，所以说，某一种教学模式的稳定性是暂时的、相对的，但是其内部的变化则是发展性的、绝对化的。随着教学改革的不断深入和教学观念的不断更新，每种教学模式都会进行内部结构和各个要素的持续调整和更新，同时人们还会不断注入新的内容来提升其完整性，从而使各种教学模式得到进一步完善。由此可见，体育教学模式并非永恒不变的，而是随着时代的发展不断更新与调整，同时被赋予新的内涵。

（一）理论研究的精细化

研究体育教学理论从根本上来说就是对实践研究进行相应的指导，因此也就对教学理论实践产生了总结性的作用。如果没有相对应的理论实践，那么之前所做的体育理论研究将变得毫无意义。所以，必须把理论研究与实践研究结合起来，只有这样，才能加大理论研究的成效和力度。具体而言，其具有以下发展趋势：

其一，与其他理论相同的是，体育教学模式的研究必将从对一般教学模式的研究走向学科教学模式的研究，再到课堂教学模式的研究。

其二，对体育课堂教学模式的研究趋向于精细化，这包括学期教学模式、单元教学模式、课时教学模式。精细化是体育教学模式研究的必然趋势。

（二）教学目标的情感化

大量数据和相关研究证明，在体育教学实践中，智力因素和非智力因素对学生的学习有着很重要的作用。智力因素和非智力因素发展的不平衡会引起不良的效果，而现代体育教学在逐渐改善这一方面，并取得了良好的效果。现代体育教学在使学生增长知识、培养学生能力的同时，更加注重人格教育、品德教育、情感教育与知识教育的结合。高校加强对学生心理学的培养是因为人们已经对人本主义的心理学越来越重视，所以高校在此基础上开始对学生的独立性、情感性和独创性进行培养。比如，一些教学模式可以通过设立情景问题，提升整个教学过程中的趣味性和新奇度，使学生的学习兴趣得到有效激发，从而产生强烈的学习动机，这样就可以使学生在学习的过程中带有强烈的学习积极性，学习效果明显加强。

（三）教学形式的综合化

教学形式的综合化主要是指体育教学模式向着课内和课外一体化发展。由于受到时间因素的影响，课内的时间不能充分培养和发展学生自动化的运动技能与锻炼身体的习惯，这就需要在教学过程中安排充足的课外时间进行练习和巩固，而课内的主要任务就是学习新知识，并对错误的动作做进一步改进。只有在这种情况下，才可以使学生更加熟悉和掌握运动技能，实现个体运动技能的自动化。

（四）教学实践的现代化

随着时代的进步以及科技的发展，体育教学模式逐渐和信息技术相结合，使各种教学实践活动呈现出较为明显的现代化特点。这对体育教学模式的改革和创新产生了很大的动力，也吸引了学生的学习兴趣，并且调动了他们的积极性。所以，将先进的技术手段引入和运用到体育教学模式中才是现代化体育教学模式发展的重要途径。

（五）评价标准的多元化

由于教学模式的不同，所导致的评价结果也是不一样的。随着体育教学改革的不断发展，体育教学模式也在发生变化。如果还是采用单一的评价方法对某一种教学模式进行评价，就很难得出全面、客观的评价结果，所以，就要在评价时选择全面的评价方式，评价指标也要多元化。现代体育教学模式不断进步，已经开始注重学生的学习过程评价、单元评价和自我评价。

（六）突出体育教学的情感性

在体育教学中，智力因素与非智力因素都非常重要，都能激发学生在体育教学中的学习兴趣，以此来保证学生以最佳的情感状态投入体育教学。

（七）突出体育教学模式的可操作性

现代体育教学模式应该注重教学理论与实践相结合，将教学方法和教学手段根据教学目标的要求进行优化组合，使之具有尽可能强的可操作性，以期发挥出最大的功效，这也是未来体育教学模式发展的趋势所在。

（八）突出学生的主体性

中共中央、国务院在《关于深化教育改革 全面推进素质教育的决定》中明确指出："健康体魄是青少年为祖国和人民服务的前提，是中华民族旺盛生命力的体现，高校教育要树立健康第一的指导思想。"[1] 为了实现"健康第一"的理念，很多高校的体育课程逐渐从单一的生物体育观向多维体育观进行转变，并且这种转变能够促进学生的身体健康发展。高校为了能让学生积极主动地参与其中，根据每个学生的特点以及发展规律不同，采用不同的教学方法，以此来培养学生参与体育的兴趣和能力，并使学生在学习的过程中向着"快乐化、生活化、终身化"方向发展，还可以让学生在整个过程中达到体育锻炼的目的，以及提高自己的身体、心理和社会适应能力方面的素质。

（九）多种教学模式并存

高校体育课程的发展目标多样化肯定会存在各种各样的教学模式并存发展，例如"分层次型"体育教学模式、"俱乐部型"体育教学模式、"三段型"体育教

---

[1] 中共中央、国务院关于深化教育改革全面推进素质教育的决定[J]. 教育部政报，1999（Z2）：301-310.

学模式等。教学模式离不开教学环境,这就要求高校对已有的体育教学模式进行优化整合,用科学合理的方法使所形成的教学模式具有稳定性。

第四节 高校体育教学模式的特征与功能分析

一、高校体育教学模式的特征分析

当前,我国出现了各式各样的体育教学模式,这离不开对体育教学理论与实践的相关研究和发展,然而这些教学模式的研究方向多种多样,类型丰富。有的研究教学目标,有的研究师生关系,有的研究教学的方法与手段等。每一种教学模式都有自己特定的范围和条件。

不管哪一种教学模式,都可以从以下7个方面进行分析:

(一)理论性

体育教学模式作为教学理论与教学思想的转化载体,必然有其自身的理论内核。同时,教学模式又能够进一步将教学思想与教学理论进行具象、直观的呈现,由此便将教学思想、教学理论与教学实践进行了有机结合。

(二)整体性

在构建教学模式时,需要站在整体的角度上去斟酌教学的基本框架,既要分析气候、时间等影响教学的外在因素,又要深入探寻学生、教师、课本教材、场地、运动器具等各个要素之间的内在联系,从而全面考量,确立相应的体育教学目标、选择合适的教材与教学策略、对教师与学生的行为进行规范,进而架构出基本的教学框架。然后运用到实践教学当中,不断对其进行调整与修正,从而使其进一步完善,最终打造出能够取得良好教学效果的教学模式。

(三)稳定性

经过长期的教学实践检验,体育教学模式逐渐形成了相对固定的结构。因此,在特定的、合适的教学条件下,成熟的教学模式有着更高的稳定性。也就是说,一个成熟的教学模式,无论外界环境与因素怎样发生变化,其基本程序和主要步骤能够维持不变。如果某种教学模式在面对不同的人或时间时，会发生大幅度的改变，那么这就意味着这个模式还没有经过充分的发展。教学模式的形成不是偶然的，也不是孤立的描述，而是经过不断的大量的理论概述逐渐发展形成起来的。教学模式能够揭露适用于体育教学活动的普遍性原则。但其适用程度也应根据情况进行相应的调整。这个理论为体育教学模式提供了可靠的基础，它具备科学性和规律的广泛适用性。只有当教学模式变得稳定可靠时，我们才能确保在体育教学实践中得到合理的切实可行的指导。

（四）操作性

在实践操作过程中，体育教学模式被不断地加工与提炼，具备了更加清晰的结构。而那些本身就是从长时间的教学实践经验中积累而得到的教学模式，其结构与实践性就更加明显了。所以，教学模式相比于教学思想和教学理论，更具有可操作性与实践意义。

（五）简明性

体育教学模式的操作系统与结构，是对教学过程的概括与表达，其中使用了多种鲜明的符号、简短精练的总结性语言以及有象征意义的图像。如此，那些杂乱的实际经验被凝聚成了系统的理论，在人的头脑中形成了一个简单明了的结构框架。

（六）优效性

体育教学模式是一种经过层层优选的模式，是从无数种体育教学活动方式当中精练而来的。体育教学模式能够有效提高教学效率、方便操作、具备独特的效力。体育教学模式的生命之源在于其优效性，如果一个教学模式连优效都做不到，那么必将面临被淘汰的境地。

（七）针对性

无论何种体育教学模式，其建立都是针对体育教学实践过程中的某个具体问题或问题的某一方面进行的，针对体育教学内容、体育教学对象、体育教学环境等不同要素所形成的体育教学模式是有很大区别的。从这一点来看，体育教学模式有其特定的教学目标和适用范围，是不能包罗万象的。比如，情境教学模式是针对小学生理解能力较差、体育基础不够，而以体育故事形式把各种简单的体育活动动作组合起来进行教学的，这种教学形式对于中学等高年级的学生是不适合的。快乐体育教学模式是与传统体育教学中的强制性教学相对立的，这种教学模式对于学练一些简单的体育活动动作是较为适合的，而对于复杂动作的教学则是不适合的。由此可以看出，教学模式与目标往往是一对多或多对一的关系，而绝非一对一的关系。

二、高校体育教学模式的功能分析

高校体育教学模式的功能主要从以下三个方面进行分析，详述如下：

（一）中介功能

体育教学模式有一定的中介功能，在体育教学模式与体育教学实践中起着承上启下的作用。它不仅是体育教学的指导思想，还可以为体育教师提供具体的操作程序和操作策略。在这之中最关键的就是对操作策略的制定，由于体育教学活动与其他教学活动具有不同的特点，且室外环境更容易受到干扰，再加上学生基础不同，因此体育教师需要对整个操作过程进行结合实际的、有针对性的调整，根据具体的环境因素制定不同的策略，有针对性地进行练习，从而取得更好的效果。

（二）预测功能

建立体育教学模式需要遵循一定的逻辑与内在规律，这有助于帮助教师对体育教学的过程及成效进行合理推演，或是通过内在的规律，对可能产生的结果进行推断，然后建立不同的假设。比如，使用快乐体育教学模式对学生进行教学，如果在整个过程中没有达到预期的目标，那就应该在实行的过程中作出调整，如果达到了预期的目标，则说明与之前的假设相吻合，由此便证明理论与实践是相互统一的。

（三）调节功能

体育教学模式的调节功能是指在具体的教学条件以及环境下，要对教学模式进行实践检验，如果在整个过程中教学目的得到了实现，那么就不需要对此进行调整，反之，如果没有完成相应的教学目标，那么就需要对每一个操作环节进行具体的细致的分析，探寻深层原因，总结经验，吸取教训，为下一次的实践操作打下良好基础。

第三章　高校体育教学四种模式的应用与创新

　　本章讲述高校体育教学四种模式的应用及创新，主要从四个方面展开叙述，分别是高校体育游戏教学模式的应用与创新、高校体育程序教学模式的应用与创新、高校体育俱乐部教学模式的应用与创新以及高校体育多媒体网络教学模式的应用与创新。

第一节　高校体育游戏教学模式的应用与创新

一、游戏教学模式在高校体育教学中应用的理论基础

为了迎合课程标准和教学目标的要求，达成预期的教学目标，游戏教学模式将体育游戏作为一种载体，与技术教学进行有机结合，形成一种独特的教学手段与方法，充分激发学生的自主性学习与创造力，让他们在愉悦的游戏学习氛围当中掌握更多的知识与技能。

（一）游戏及体育游戏的内涵

游戏的起源可以追溯到人类原始社会早期。人们在那个时代为了满足生产和生活需要而创造出一种带有规则和娱乐性的活动，这被视为游戏最早的基本形式。许多研究表明，各种游戏都在不同程度上反映了它们产生时的社会生产背景和生活环境。而这一现象在人类社会中也是普遍存在的。在人类社会的早期发展阶段，游戏被广泛运用于教育领域当中。对于年幼的生产者来说，游戏是一个能促进其学习与成长的有效途径，通过游戏，他们能体验与学习不同的生产和生活实践。游戏与生产、生活密切相关，它们相互促进、互为表里。在古代社会，游戏作为一种教育工具，能帮助年幼的人更快地适应现实生活并提高他们的生产力。随着生活水平的提高，游戏也不断地得到改进和丰富。在游戏领域中，体育游戏是游戏大家族中的一个分支，是其重要的组成部分，其独特的展现方式令它独树一帜。现如今，很多流行的体育运动项目，最初便来源于体育游戏，只是通过不断的规范化与制定相应的规则，才发展成为体育项目。而这也体现出了"游戏""体育游戏""体育项目"之间的内在联系[①]。"体育游戏"这个概念在不同的学者口中被赋予了不同的含义，本书认为：体育游戏是一项有目的和规则的有组织的体育活动，是一种有意识的、主动性和创造性的活动。

（二）体育游戏的特点

体育游戏是游戏的重要表现形式，具备游戏的普遍特征，并在此基础上，凸

---

① 杨乃彤，王毅. 高校体育教学创新及运动教育模式应用研究 [M]. 北京：九州出版社，2020.

显出体育的相关特征。体育游戏以完成相应的体育动作为主，将人的德智体一同融入娱乐氛围当中，因而具备以下特征：

1. 娱乐性

所有游戏包括体育游戏在内，其生命力源自娱乐性。体育游戏的合理运用有助于使体育教学富有活力、具备生动活泼的特性。体育游戏的趣味性也能够激发教师和学生的本能娱乐需求，使得他们在体育课堂中表现得更加兴奋，提高了其参与体育活动的积极性，从而更好地应对每一项教学内容。

2. 普及性

体育游戏内容各式各样，丰富多彩，每个人都能根据自己的喜好找到合适的体育游戏项目。将其运用到教学当中也是如此，针对不同的学生、不同的年级、不同的教学内容，都能够找到或创造出与之对应的合适的体育游戏，从而满足教学、健身、娱乐等不同的需求。

3. 规则性

体育游戏的规则性可以在保持原始的传承基础上，进行创新与变革，以达到适应各种需求的目的。游戏在体育教学中发挥着重要作用，但若想要教学顺利进行并实现教学目标，就必须制定一定的规则来进行保障。

4. 竞争性

人们最初对于体育游戏的需求就是因为其娱乐性，如果说体育游戏规则的制定是为了保障游戏秩序井然，那么竞争性则最大限度地激发了人们参与体育游戏的热情。竞争可以将体育游戏的效果发挥到最大，同时也可以激发人体自身的潜力，达到最佳状态。在现实生活中，体育游戏通常是一种竞争性的游戏，要么个人取得胜利，要么集体取得胜利。比赛的胜负判定通常根据体育游戏完成的速度、质量以及数量等来进行考量，比赛的结果能够反映出参赛者在团队协作、身体素质、智力水平等方面的综合表现，胜利者会感到快乐。因此对于体育教学来说，体育游戏能够让学生更加深入地理解体育的内在意义和魅力，进而更好地完成体育课的教学目标。

5. 目的性

体育游戏项目通常承载了人们一定的目的性，这个目的可能是完成某些体育活动任务，可能是使人们得到愉悦之感，也可能是培养团结协作的精神。但无论是何种目的，其根本都是为了提高参与者的兴趣，使枯燥的学习环节变得富有乐趣与活力。

（三）游戏教学模式与高校体育教学

根据教学大纲，将有趣的游戏项目融入教学内容当中，这一教学模式就是游戏教学模式。在高校体育教学中，游戏作为一种手段被广泛应用，从而促使学生热爱学习，培养自身多方面的能力。

1. 体育游戏教学模式与高校体育教学特点的内在联系

体育游戏教学模式旨在利用游戏的普及性、竞争性、娱乐性等特点，以有效地促进体育教学目标的达成。由于不同类型的高校所设置的培养目标各不相同，我国高校学生的身心发展出现了不同程度的差异。如今，学生越来越注重培养综合能力与个性能力。体育课提供了多种竞争性的活动项目，这有助于学生能够尽快适应社会并培养他们竞争的勇气和进取精神。运用形式多样、富有趣味性的游戏式教学方法，可以更轻松地让学生融入体育教学，同时满足其心理特点，不仅能够培养学生优秀的运动技能，还可以真正让他们领悟到体育独特的魅力，从而为终身体育活动打下坚实的基础。

2. 体育游戏在体育教学中的作用

从体育游戏特点的角度出发，可以看出在体育教学中，体育游戏所起到的作用十分显著。它能够培养学生的集体主义精神，督促学生团结协作、遵守纪律，提高学生的学习动机，提高学生体育运动的相关技能，培养学生的创新思维和勇于拼搏的竞争精神。由此可见，体育游戏对于体育教学来说有着深远的教学意义，主要体现在以下几个层面：

（1）对教学的有效辅助作用

体育游戏可以推动体育教学的实施。在推广游戏教学模式的实践中，可以在体育教学中的各个环节都穿插一定的游戏元素，或者直接使用一个游戏化的教学流程来贯穿整个教学过程。首先，在体育课的准备阶段，就可以看到它具有教辅作用。在准备上体育课时，学生通常状态较为平静，身体不够灵活，肌肉会有些僵硬，对体育运动的热情和内在动力不够强烈，大脑的兴奋度也不高。特别是一些对体育学习不是很感兴趣的同学，会表现出较低的参与度。因此，在体育课的初期阶段，采用游戏教学的方法可以在愉悦的气氛中激发学生参与体育课的积极性，培养他们对体育运动的喜爱，并帮助他们完成热身。一些心理学家指出，兴趣是学习的最好的老师。利用游戏教学模式，可以有效地激发学生对参与体育学习的兴趣，从而为学生提供一种动力来进行体育学习。其次，体育游戏在提升学生体育课基本技能方面发挥了作用。体育课的准备部分通常涵盖复习以前所学知识和引入新的教学内容。借助游戏教学模式，可以快速提高学生的大脑活跃度，帮助其集中注意力，在游戏过程中轻松巩固已有的知识，并学习新的技能；同时这种方法还可以帮助学生克服难度较高的技术动作所带来的恐惧感，让他们在轻松的游戏气氛中逐渐掌握技术动作，从而自信地迎接更难的技术挑战。教师还可以对游戏进行合理的创编，使其针对性更强，进而对学生掌握新的和难度较高的技术动作产生更大的促进作用。最后，在体育课的技巧训练后，适当开展富有趣味性的游戏，有利于学生放松身心，缓解疲劳和紧张的情绪，使他们能更好地投入到后续的文化学习中，并对未来的体育课程保持期待。

（2）强化体育课健身功能

在游戏教学模式下，学生对于体育课的学习积极性得到了有效的提升，同时对文化知识学习的兴趣也得到了提升。游戏教学模式能够帮助学生更深入地领悟体育运动的知识与技能，增强他们对体育魅力的感受，并且促进他们在日常生活中养成体育锻炼的习惯。此外，体育游戏包括丰富的形式，其教学模式没有固定的人数限制，每一个学生都能够参与其中，得到锻炼身体的机会。与此同时，体育知识和技能的学习与强化也进一步保证了体育课的健身功能。

（3）赋予体育教学以娱乐功能

游戏教学模式更符合学生的心理需求，学生在结束繁重的文化课学习之后，投入到体育游戏当中，可以感受体育游戏所带来的快乐氛围。这种模式使体育教学课堂变得更加富有活力，从而带动学习知识与技能的积极性，提高教学效果。

（4）拓宽体育课的教育功能

学生在积极参与游戏教学的过程中，需要遵循游戏规则。游戏具备多种内容和形式，允许各种参与方式，有些可以单独参加完成，而有些则需要组队协作。此外，体育游戏的胜负标准往往基于速度、质量、数量等方面，从而使得游戏内涵更加丰富，教育功能也更加全面。首先，体育游戏培养了学生积极参与、遵循公平竞争的态度。在体育游戏中，总会有输赢。无论是团队还是个人，都会渴望获胜，在这种渴望之下，每一个参与者都会要求所有参与者遵循公正的规则来进行比赛。这种精神值得我们在现代社会中推崇，是现代人必须具备的品质。其次，体育游戏能够鼓励学生发扬团队合作精神。在体育游戏教学模式中，最为普及的是集体性体育游戏，它需要所有参与者一起动脑筋，发挥集体的力量，默契配合，从而获得最终的胜利。再次，体育游戏还有助于激发学生的思考和潜在的创造力。在教授体育时，如果学生还没能熟练掌握某些技术动作或基本技能，教师通常会将这些技术和技能融入游戏中，通过对游戏进行巧妙的设计，利用游戏的相关特点，潜移默化地帮助学生掌握基本的技术和技能。最后，在老师的引导下，学生能够运用所学技术和技能自主设计和创作新的体育游戏，以满足课堂体育游戏的要求。这些体育游戏不仅可以鼓舞学生积极参与，同时还能培养他们的自主创造力。

3. 体育游戏在教学中实施的理论研究

制定合理的规范的游戏规则，能够确保体育游戏的进一步实施，从而使其成为游戏教学模式中的重要环节。开展体育游戏的实际效果会影响到游戏教学模式的全面功能的发挥，从而影响体育教学的效果。因此，必须采用科学合理的手段确保体育游戏的组织与实施，从而对游戏教学模式的开展发挥指导作用。

（1）体育游戏的实施要把握好体育游戏的质和量

要想准确掌握体育游戏的质量和数量，关键在于理解体育游戏在体育教学中的辅助作用。关于游戏的质量，体现在游戏的具体内容必须与教学目的紧密相连。以体育游戏为例，在课程前期准备阶段，应该确保游戏的实施能够有效地对学生起到身心预热的作用，从而为后续教学提供全面的身心准备。在教授新知识时，所使用的游戏需要具有针对性，以达到最有效的指导效果。由此可见，教师需要对游戏的针对性与实际效益进行高度重视。关于游戏的数量，所谓过犹不及，大量的游戏活动会直接影响体育课的教学效果。因为体育课的任务不仅是锻炼学生的身体素质，更重要的是按照教学计划，传授正确的运动技能，帮助学生建立终身体育习惯。此外，体育游戏的质与量还需兼顾学生身心发展特点，不然将会对体育教学的成效和标准造成间接的不良影响。

（2）体育游戏的实施要注意发挥游戏的特色

体育游戏有着教育性、娱乐性与竞争性的相关特点。体育游戏的教育性，体现在实施过程的每一个环节、每一个细节上，在这当中学生所表现出的公平竞争、团结协作以及创新思维都是体育游戏教育特点的具体表现；所谓体育游戏的娱乐性特征，就是要脱离体育游戏的正规竞赛性，在合理的竞争当中实现胜负，开展情节丰富、富有趣味、简单可行的体育游戏项目，从而让学生在体育游戏当中乐而忘返。若想充分发挥体育游戏的竞争性，就需要合理制定体育游戏的相关规则，保证公平公正，确保体育游戏的顺利完成。在体育教学当中，需要时刻发挥体育游戏的自身特色，这才能够确保游戏教学模式对体育教学所带来的巨大效益。

（3）体育游戏的实施要保证安全第一

体育教学的目标就是培养德、智、体全面发展的人才，游戏教学模式在体育教学中的应用也必须遵循这一总体目标。体育游戏自身形式和内容的多样性常常使得体育游戏应用中组织形式不拘一格，而且鉴于体育教学环境的特殊性，安全性自然成了教学过程中必须首要注意的问题。首先，在游戏教学模式的实施前要进行必要的安全教育，严守游戏规则，保证课堂的组织纪律性。其次，注意检查游戏器材和游戏场地的安全性。最后，要注意控制学生的游戏活动节奏，防止游戏中学生的兴奋性过高，忘乎所以，导致意外损伤的出现，或因情绪失控导致学生之间出现争执等。

（四）体育游戏教学模式中游戏的选择

游戏教学模式改变了无趣、单调、枯燥的体育课堂氛围，为体育课堂赋予了新的发展活力，从而进一步培养了学生的各方面能力，并有效提升了课堂教学效率。在游戏教学模式下，为了产生更多有效的教学效果，需要教师对游戏进行合理的筛选。例如，在课程准备阶段就采用活动量大的体育游戏，不符合学生的身心规律，因而难以产生良好的教学效果；在教学过程中，所使用的游戏具有较高的危险性，或者包含不健康的内容，这些都会影响教学效果，使教学效果大打折扣。为了防止出现这些问题，教师在选择游戏时需要遵循下述原则：

1.体育游戏的内容应是健康向上的

在游戏教学模式中，为了有效辅助教学目标的实现，教师需要对游戏形式以及内容进行积极的选择与创编。在进行选择与创编时，游戏的内容与形式必须健康阳光、积极向上，否则，即使活跃了课堂氛围，实现了课堂教学要求，却直接影响到体育教学的思想教育内涵，不利于课堂教学的正确开展。

2. 体育游戏的选择必须具有趣味性

体育游戏的生命之源在于其自身的趣味性，这种趣味性也体现出其自身价值所在。没有趣味性的游戏犹如没有生命的个体，应用到体育教学当中不仅起不到应有的助学作用，甚至会引发学生的厌恶与反感，从而使教学效果大打折扣。兴趣是最好的老师，只有游戏具有了趣味性，才能够引发学生对体育游戏产生兴趣。体育游戏比一般游戏要正规，但是相比于体育比赛而言，又相对宽松，对游戏参与者没有严格的规则要求，因此参与者在体育游戏当中能够保持愉悦的心情表达自我、实现自我。与此同时，在自由轻松的游戏氛围当中，学生的注意力能够高度集中于活动内容，从而提高学习效率。一般情况下，游戏的趣味性与其竞争性和情节生动性呈正相关的关系，在趣味性的游戏参与下，原本无趣无聊的体育活动也变得有趣了起来，这对学生参与体育锻炼的积极性起到了正向的引导作用。

3. 体育游戏要富有教育意义

通过参加体育游戏，学生能够有效地进行身体锻炼，从而提升自己的身体运动机能。在体育教学中，选择体育游戏项目不仅仅需要考虑身体层面，还需要兼顾其所具备的教育功能。没有教育意义的游戏在教学过程当中是不适宜的，也是意义不大的。因此，为了体现体育活动自身所独具的魅力，在选择体育游戏时就需要突出体现其在德、智、体三方面的教育作用。在体育游戏当中，学生学会了人际交往与合作，更为重要的是学会了如何发散思维与创新思维，从而更好地去应对千变万化的社会竞争环境。只有如此，体育教学与体育游戏才能起到相辅相成的作用，体育教学功能才能全面实现。

4. 体育游戏的选择要简便易行、富有针对性

游戏教学模式的主要目标是确保游戏在教学中发挥有效的辅助作用。游戏规则应当具有简易化的特点，能够精准地达到教学目标，同时尽可能地保留游戏的核心玩法，不失其内涵。如果一个游戏所提供的选择过多，那么就需要更多的时间来进行学习，这可能会在体育教学中分散注意力，浪费宝贵的课堂时间，从而使教学效果不佳。此外，需要注意游戏的效益，无目的性的游戏可能会阻碍教学计划的实施并影响到教学目标的实现。只有具备精准定位和高效运用的能力，才能事半功倍地达成目标。例如，在课程的准备阶段，为了达到教学目标，可以结合课程内容设计一些简单有趣、涉及肢体活动的游戏。这些游戏针对性强，不仅

可以调动学生学习体育课的热情，还有助于有效预热重要的肢体关节。在教授课程内容的基础部分时，挑选容易上手、与课程内容贴合的游戏，能够有效地帮助学生巩固旧有知识，并且更好地吸收新知识。而在课程结束阶段，则应当选择放松身心的游戏来结束课程，这有助于学生以平静的心态进入下一阶段的文化知识学习。

5. 体育游戏的选择要具备安全性

在现如今的体育教学当中，安全是最需要关注的问题之一。在开展游戏教学模式时，选择体育游戏需要将学生安全摆在第一位，如果在教学过程中出现了安全问题，那么一切都将功亏一篑。当前教育所需要的是全面发展人才的培养，在开展体育游戏时，教师需要高度集中注意力，在开展游戏项目之前对安全问题展开相应的教育工作，对体育器材进行合理的选择、布置与应用。同时关注学生的身心发展特点，对活动量进行合理的安排，对游戏节奏进行把控，防止出现学生因为过度兴奋而导致的意外伤害。

二、游戏教学模式在高校体育教学中应用的实践创新——以武术教学为例

对于武术教学，许多高校都引入了游戏教学模式，不仅丰富了游戏教学模式在体育教学中的应用实践，而且为其他体育项目提供了参考和借鉴。

（一）武术游戏教学模式引入高校武术教学的意义与作用

1. 有利于提高学生的认识水平

在武术教学中，通过游戏教学模式，学生能够对所学的知识与技能进行更深层次的感悟与内化，从而对体育与武术进行更为深刻的认识与理解。在各式各样的武术体育游戏教学活动中，学生的参与意识得到了提升，进一步促进了其对相关武术知识的了解、掌握与运用，同时同学之间的互帮互助也使学生积极进行自我教育和自我调整。在教学过程中，学生对武术的相关知识与技术有了更为深刻的领悟，而此领悟也使学生的武术知识与能力得到了进一步提升。

2. 有利于学生智力和非智力因素的发展

通过选择适合武术教材特点的武术游戏教学模式进行教学，可以创造一个更和谐的学习氛围，从而帮助学生更好地学习武术。这会促进学生对武术的兴趣产

生和保持，并刺激他们进行自我激励，从而积极地学习武术技能。通过经常性地安排武术游戏作为体育教学的活动，可以有效地提高学生的情绪稳定性，促进学生的智力和综合素质的全面发展。利用武术游戏，教师可以让学生通过模仿武术动作、体验相关技术，以及进行激烈竞争等不同的方式，达成教学目的。这种学习方式可以提高学生的思维活跃度，使他们将思考与身体运动协调一致，从而实现相互配合。采取这种学习方式有助于更全面地发展学生的心理素质，包括知觉、想象、感觉、性格、意志、情感和注意力等方面。通过不断参与武术游戏，学生能够自我反省并发现问题，不断激发自身积极性，增强竞争心态，这对于学生的学习、生活、观念、理想、人际交往等方面都具有重要的促进作用。此外，这种方式也可以帮助学生在情感上得到提升，进而促进智力和非智力方面的发展。

3. 有利于顺利完成学校体育教学计划

在武术教学过程中对武术游戏进行充分的利用，有助于圆满完成高校体育教学计划。由于武术教学中学生的思维集中程度和情绪激动程度各异，因此有可能会妨碍教学计划的有效实行。在教学的准备阶段和开始阶段，体育教师可以积极运用各种武术游戏，以加强学生的中枢神经兴奋度，并帮助调节学生的心理状态。通过进行类似武术模仿游戏和武术项目报数游戏这样的活动，可以有效提高学生的注意力和热情，使其逐渐将身体从静止状态转化为学习状态，为教学做好基本准备工作。这些活动营造了一个和睦、融洽、生动的学习环境，协助学生按照有序的方式进行武术基础知识的学习和实践。因为一些武术教材难度较高，有可能会影响学生的情绪，所以教师需要采取武术游戏的方法来进行适应性教学，以使学生更容易理解与掌握。在武术耐力教学中，教师可以采用互相监督、互相帮助、互相促进的武术游戏方式，以适应不同的教学进度和不同学生的实际水平。

4. 有利于学生心理健康水平的提高

在开展武术教学时，体育老师应当以游戏教学模式为基础来对武术教学的教法进行选择，结合学生实际情况，督促学生学习武术的相关知识与技能，科学合理地开展武术教学，能够进一步提升学生的心理健康水平。在武术体育课堂上，各式各样武术游戏的引入营造出了活跃的课堂气氛，积极调动了学生的学习情绪，令学生在愉快的学习氛围当中对武术的知识与技能进行深入的了解与掌握，进而令自身得到进步。

5. 有利于学生思想品德水平的提高

高校运用武术游戏教学活动作为教学手段，给学生提供了满足基本需求和获取成功体验的途径，同时增强了学生对于武术的兴趣，进而激励他们以自主的方式将武术锻炼融入未来的日常生活当中。通过创新武术游戏的方式和手段，教师不仅帮助学生提升了身体素质和智力水平，还进一步帮助他们提高了思想品德水平。这种教育方式能够帮助学生树立正确的竞争观念，培养学生的勇气、责任感，帮助其养成良好的纪律习惯，同时鼓励他们以积极向上、创新进取的精神去面对未来的艰难险阻。

综上所述，采用游戏教学模式是提高高校武术教学质量的必要手段，各式各样的武术游戏作为重要的教学活动形式，承载了促进学生智力发展、提高学生身心健康、发展学生思维的重要作用。游戏教学模式能够提高学生的武术专业素质，锻炼学生的身体素质，除此之外，还能令学生养成团结友爱、互帮互助、热爱集体、遵守纪律规范、积极进取、不畏艰难等各种优良道德品质。

（二）游戏教学模式引入高校武术教学的设计

随着课程改革的不断深入，教师的教学理念、教学目标、教学策略、教学手段、教学评价等方面都有了实质性的进展，并发生了翻天覆地的变化。这种变化也使得原教学中存在的一些形式发生了转变，方式方法发生了迭代。教学设计作为教学当中的一个重要环节，将教学的科学性、艺术性、目的性、过程性进行了统一，有着更为重要的作用与地位。

1. 游戏教学模式引入高校武术教学的目标

教学目标是学习旅程中的一个阶段性的指南，所有的教学活动都旨在达成教学目标。学校开展武术教学的主要目的是推广武术运动技能、传承传统武术文化知识和其思想内涵。武术游戏教学模式是近年来出现的创新性体育教学形式，通过运用游戏元素的趣味性，营造舒适和谐的学习氛围，帮助学生在和谐舒适的学习氛围下进行武术锻炼和实践，有利于引导学生积极地接受武术教育。通过引入游戏教学模式，武术教学可以更好地激发学生的学习兴趣，帮助他们克服不愿学习等负面情绪。在武术游戏中，学生可以感受到武术的动作技巧，对其协调、发力、快慢等重要方面进行深刻领悟，同时也能够培养自身的创新能力。

2. 游戏教学模式引入高校武术教学的内容

如果武术教学内容过于老旧，让学生难以掌握关键动作技巧和深层内涵，这将导致学生对教学内容感到无聊和厌倦，从而不利于教学的开展。对于某些技巧较为复杂的武术动作来说，学生可能会感到学习的难度很大，从而出现学习疲劳和心理障碍。目前，高校学生更倾向于学习实用性强的武术，如太极、散打和器械等，因此，各个高校应当对武术教学内容进行及时调整，开设与太极、散打以及器械相关的实用性游戏教学活动。

3. 游戏教学模式引入高校武术教学的教学结构

体育教学由准备阶段、基本阶段以及结束阶段组成。在教学实践当中，相关学者对教学规律、各个阶段的学生的身心状态展开了详细研究，总结出许多具有针对性的武术游戏，并经过不断的发展完善形成了科学、合理的武术项目教学体系与方法。

（1）武术游戏教学模式在教学准备阶段的运用

在传统的准备活动中，体操、慢跑是主要使用的教学手段，但是这两种方式只能对学生的生理机能进行调节，如果不及时进行更新，那么很容易让学生产生乏味、厌烦之感，此时采用武术游戏教学模式就能够在较短的时间内将学生的心理状态调整到良好的状态水平。

因此，在这个阶段应当结合教学内容，选择能够提升学生兴奋度与关注度的武术游戏，例如常见的"大刀接力""武友相聚"等。丰富多彩的准备活动有助于调节学生的身心健康，从而令学生以饱满的热情与心态去积极投入到课堂教学当中，为后续的教学活动打下良好基础。

（2）武术游戏教学模式在教学基本阶段的运用

课上最关键的环节是教授武术的基础技术和技能，这也是评估教学成效的关键要素。在这个阶段，教师的首要目标是帮助学生掌握武术的基础技术和技巧，让他们在运动中发挥出稳定的技能水平。

为了实现这一教学目的，教师需要依据每个学生的不同特点以及武术教学课的内容、性质和任务来安排具有针对性的武术游戏，从而提高学生的学习兴趣，营造和谐轻松的学习氛围，进而完成教学任务。

在选择武术游戏内容时，需要围绕武术课的教学内容，为其增添较强的趣味性，才能有效激发学生的学习兴趣，以达到边学边练的教学目标。除此之外，选择武术游戏教学的时机也很重要，例如在武术技术形成的初期阶段，就不适合使用游戏教学法，否则会影响学生武术技术动作的形成与稳定，而当进行重复性的武术动作练习时，采用游戏教学法则比较好，能够获得良好的学习效果。

在武术耐力教学方面，如果教师一直采取普通的枯燥的练习法进行教学，那么学生很容易就会感到乏味，不利于其学习情绪与意志品质的养成。因此在开展武术耐力教学时，可以使用一些耐力型的游戏来进行教学，提高教学效果。

（3）武术游戏教学模式在教学结束阶段的运用

当课程进展到结束阶段，学生无论是身体还是心理都处于疲劳期，急需尽快消除身体疲劳，恢复身体机能，因而应当令学生处于相对安静的状态。在这个时候就可以使用一些负荷较小的武术游戏来进行教学。在进行整理放松时，就更需要突出武术游戏的趣味性，力求在形式、内容上做到新颖、轻松、幽默，在轻松愉悦的学习氛围中使学生的身心得到放松。

（三）武术游戏教学模式在高校武术课堂的组织教法

"当前，有许多针对学生的优秀教学模式，例如，武术口诀教学模式、武术音乐辅助教学模式、武术特色教学模式、讲授武术故事模式、武术情境教学模式等，这些丰富多彩的教学模式能够对武术技术、技巧的学习产生积极的作用与影响，而在武术教学中运用游戏教学模式是一种尝试，将会对学生学习武术产生巨大的吸引力。"[1] 运用游戏教学模式需要遵循一定的教学流程，如此才能充分发挥武术游戏教学模式的教学效应，进而提高武术教学质量。

具体来说，武术游戏教学模式在高校武术课堂的组织教法应该按照以下步骤和流程进行：

1. 根据武术课的教学目的和内容来选择武术游戏

武术游戏能够有效地支持不同类型的武术教育活动，因为它们具有很强的针对性。在确定武术课的目标和内容后，应当考虑选取适合的武术游戏活动，以使武术课的形式更加多样，内容更加丰富。针对不同的武术教学课程，应当根据课程开始和结束的部分，以及所教授的武术类型，选择不同的武术游戏，例如不同

---

[1] 王刚，张德斌，崔巍.体育教学管理与模式创新[M].延吉：延边大学出版社，2019.

器械或不同拳种之间，所选择的武术游戏也不同。但不管是哪一种形式的武术游戏，其意图都是在保持身体健康的同时，为学生提供武术知识和技能方面的教学服务，以达到武术课程的教学目标。

2. 武术游戏的讲解和示范

当选择好所采用的武术游戏之后，教师必须给学生仔细讲解，让学生了解武术游戏的内容、规则、任务、目的等。依据武术游戏的基本要求，对游戏相关要点进行讲解，强调学生所需要注意的安全事项，让学生在游戏规则当中享受游戏教学的乐趣。

在对学生进行武术游戏讲解时，需要遵循以下的顺序：游戏名称、游戏的目的、意义、组织和方法、规则和要求、注意事项等。在讲解时，教师的站位也有一定的要求：第一，要让每一个同学都能够听到讲解的内容，对内容重点以及关键字句要了解清晰明确；第二，教师需要将语言讲解与动作示范进行结合，对重要的内容进行示范，以增强学生对游戏的理解与认知，因而教师的位置选择也应满足这一点要求。

3. 武术游戏中的合理分组

有一些武术游戏需要采用分组的方式进行教学，这就需要教师做到分组的合理与科学。在武术教学课程中，常见的分组方法有报数分组、教师分组、组长分组、固定分组、行政分组等，至于具体采用何种分组方式，还需要教师对教学内容、形式、条件以及学生的具体情况进行详细分析，从而确定分组方式，使每个小组人数相等、实力相当。如此，才能充分发挥每个学生的主动性与创造性。

4. 做好安全组织、裁判工作并及时调整

为防止武术集体游戏中出现事故，教师需要在教学前做好相应的预防工作，事先提醒学生游戏中易出现的相关问题，对其行为进行引导，秩序井然地开展活动。在游戏过程中，以表扬为主，做到公平公正，判罚合理，对游戏运动量以及学生情绪进行及时的调控，确保教学安全进行。

5. 做好武术游戏教学的总结

在实现教学目的的过程中，不能仅关注练习过程，游戏之后的总结、复盘与奖惩也是很重要的。在游戏过程中，一旦发生问题，就要立即停止游戏，并现场总结所出现的问题、所需注意的事项，探讨问题产生的原因以及规避的手段，对教学进行对症下药，使教学效果事半功倍。为了让武术游戏开展得更加精彩，教师对学生要多加肯定，鼓励他们充分发挥自己的智慧，不断提高其学习能力与学习兴趣。

6. 预防武术游戏教学中的基本问题

在武术课的教学中，可能会出现一些教学问题，主要可总结为以下几种：

第一，游戏教学中的各类伤害事故。

第二，在游戏教学中，由于组织不当，加之学生争胜心强，易出现一些过激行为，如学生不团结，学生之间相互责备、埋怨等。

第三，游戏运动负荷不合理。

第四，学生思想涣散、纪律性不强等现象。

为防止出现上述问题，在教学中必须注意以下几个方面：

第一，游戏的选择要科学，内容要合理。

第二，规则制定要准确，裁判应当公平、公正。

第三，游戏组织要严谨认真。

第四，应当加强学生的纪律性和安全教育。

第二节　高校体育程序教学模式的应用与创新

"随着我国教育事业的改革和素质教育的不断推进，倡导并培养学生心智能力、实践能力和创新能力成为教育改革和发展的方向。为此，广大教育者积极进行教学尝试，把心理学和教育学的教学模式交叉融合，取得了可喜的教学效果，从而加快了素质教育的进程。认知心理学的观点和一些新的教学模式被广泛应用于体育技术教学和训练中。"[1]其中最典型的就是通过对程序教学和时空认知的研究，将二者结合并应用于某些体育项目上，来为程序教学与时空认知相结合的教学模式在高校体育教学的应用提供理论基础，促进高校体育教学进一步发展。

一、程序教学模式概述

程序教学模式是指依靠教学机器和程序教材，呈现学习程序，包括问题的显

---
[1] 岳慧灵. 体育课程运动处方教学模式 [M]. 长春：吉林人民出版社，2020.

示、学生的反应和将反应的正误情况反馈给学生的过程等,是学习者进行个别学习的方法。

程序教学理论的代表人物是美国心理学家伯尔赫斯·弗雷德里克·斯金纳,同时其也是当代新行为主义心理学派的代表。他通过实验发现动物的行为可以运用逐步强化的方法,形成操作性条件反射。他把这种操作性条件反射的理论引入人的学习行为,用于学生的学习过程,"认为学习过程是作用于学习者的刺激和学习者对它作出的反应之间的联结的形成过程"[①]。其基本图式是:刺激—反应—强化。

程序教学把学习内容分成一个个小的问题,系统排列起来,通过编好程序的教材或特制的教学机器,逐步地提出问题(刺激);学生选择答案,回答问题(反应);学生回答问题后立即就知道学习结果,确认自己回答得正确或错误。如果解答正确,得到鼓舞(强化)就进入下一程序学习;如果不正确,就采取补充程序,再学习同一内容,直到掌握为止。其基本操作程序是:解释—问题(提问)—解答—确认。

根据斯金纳操作行为主义的学习理论,一位教师要实施程序教学必须考虑哪些问题呢?首先,要仔细地考虑在特定的时间里计划教学的内容是什么,这些教学内容最终是要通过学生行为的获得来表示的。其次,要考虑有哪些可以利用的强化物。这些强化物包括两种:一种是学生在学习过程中对所操纵的材料具有强烈的兴趣;另一种是在学习过程中给予学生奖励,譬如教师的一句肯定的赞语、一件奖品等。最后,强化最有效的安排,即教师要把非常复杂的行为模式逐渐做成小的单位或步骤,也就是把教学目标进行具体分解,确定每个步骤所保持行为的强度,以使强化的效果能提高到最大限度。

课堂模式要求:首先,教师进行导入,明确本节课学习的目标;其次,教师先讲述较难的知识点,然后让学生做相应的7~10道题的练习(是学校训练量的7~12倍),再让学生进行课堂阶段性测试;最后,进行当堂小结,采取讲、练、测、评一体的形式完成课堂授课。教师给予有解答步骤的例题和足够数量的练习,学生就能根据例题形成适当的假设,并在解决问题的过程中不断地得到反馈,有效地获取知识。在学生的练习过程中,教师的任务就是针对不同学生的不同问题

---

① 杨小微,张天宝.教学论[M].北京:人民教育出版社,2014:63.

加以个别辅导,同时发现带有共性的问题,在小结时一并解决。这种课堂模式充分发挥了学生的主体作用和教师的主导作用,教师的角色由知识的传授者变为学生学习的引导者、促进者、合作者,同时让学生掌握学习的方法,培养他们终身学习的愿望和能力。

二、程序教学模式的理论基础

程序教学模式的理论是由控制论、信息论、心理学、运动技能形成规律所构成,以反馈信息为主线,把刺激、反馈、强化应用于整个教学过程中,改变了传统教学中"模仿—记忆"的学习形式,倡导学生利用"发现—解决—记忆"的学习方法。该模式重在培养学生发现问题、解决问题和自学的能力。

(一)操作性条件反射原理

操作性条件反射原理是斯金纳通过动物实验得出的。斯金纳从小白鼠实验中得出人的行为可以分成两类:一是应答性行为,是由原来的刺激所得的反应;二是操作性行为,是有机体本身做出的反应,和其他任何刺激物无关。行为主义理论的核心思想是操作性条件反射。另外,他把条件反射也分为两类:与应答性行为相应的是应答性反射,称为S(刺激)型,S型名称来自英文Simulation;与操作性行为相应的是操作性反射,称为R(反应)型,R型名称来自英文Reaction。S型条件反射是强化与刺激直接关联,R型条件反射是强化与反应直接关联。例如在网球教学中,学生对每个技术动作反复练习,通过对球的落点控制与挥拍动作这一行为的强化,逐步加强对技术动作的熟练程度,从而能够熟练地掌握每个技术动作。通过对各个技术的小步子学习逐步形成正确且完整的动作定型,符合操作性条件反射原理和动作学习规律。

(二)强化理论

斯金纳通过实验研究指出:学习的过程就是对所学知识进行不断强化的过程。为了增强某种行为的过程必须对某种行为进行不断强化,这个过程需要利用强化物对某一行为增加一定的刺激,才能保证这种行为不断地进行下去。根据斯金纳理论可把强化分为积极强化和消极强化两种。积极强化就是获得一定的强化物以增强某个反应,消极强化就是去掉讨厌的刺激物,由此加强了积极强化的效果。在教学中的积极强化就是教师的夸奖和自我良好的体验等，教学中消极强化表现在教师的皱眉和语言提示等方面。这两种强化都能增加某个反应再发生的可能性。斯金纳通过系统的实验分析得出了重要结论：惩罚就是企图体现消极强化物或去除积极强化物去刺激某个反应，仅是一种治标的办法，它对被惩罚者和惩罚者都是不利的。他的实验表明，惩罚只会暂时降低某个动作的反应概率，而不能减少消退过程中反应的总次数。在他的实验中，当白鼠牢固建立按杠杆即得到食物的条件反射后，在它再按杠杆时给予电刺激，这时反应率会迅速下降。如果以后杠杆不带电了，按压率又会直线上升。斯金纳对惩罚的科学研究，对改变当时美国和欧洲盛行的体罚教育起了一定的改善作用。斯金纳用强化列联这一术语表示反应与强化之间的关系。强化列联由三个变量组成：辨别刺激、行为或反应、强化刺激。辨别刺激发生在被强化的反应之前，它能使某个行为得到建立并及时强化。学到的行为得到强化就是辨别刺激的过程。在一个列联中，在一个"操作—反应"过程发生后就出现一个强化刺激，这个操作再发生的强度就会增加。强化原理在球类技术动作的学习中是非常重要的，在教学过程中对每个小步子（程序）进行多次练习以强化其对某一动作的认识程度，通过不断地去打球强化动作的完整性，从而使学生能够深刻地掌握每个技术动作。如在发球教学中，学生通过一定的程序学习发球技术，每一次的成功发球都是对某个动作的进一步强化，直到学习者能够发出有效且高质量的球。球类项目中的任何技术都可以通过设计程序教材对动作进行不断强化，从而增强学生对球类技术动作的掌握效果。强化原理不仅在球类教学中有重要的作用，在体育的各个项目中都会起到非常重要的作用。

（三）程序教学模式的控制论基础

程序教学是一个闭环式的循环控制系统，在这个系统中，要使学生沿着一定的路径达到教学目标，就必须对这个过程进行控制。而反馈是实现控制的必要条件，教学中只有通过学生的信息反馈发现问题，然后才能及时改进程序序列和教学模式，这就实现了反馈控制这样一个循环控制系统。体育教学过程符合这样一个控制过程。在体育教学活动中，教师通过正向控制运用教学手段和程序教材控制学生学习某项技术过程。利用反馈控制渠道，通过一定的评价方式和检验方法了解学生对运动技术的掌握情况，及时纠正程序中不合理的地方，然后施行更合理的教学程序，这样一来，就能不断地提高所编程序的科学性。经过如此多的闭环式的控制过程，使学生的学习结果科学地接近程序制定的预定目标。

（四）程序教学模式的信息论基础

学生学习动作的过程可以看作一个信息加工的过程。简单地说就是一个传递信息、获取信息、存储信息、检索信息、使用信息和信息反馈的完整过程，而且是以大脑皮质对动作的掌握和调节为基础的。研究表明：在日常的信息中，只有15%～20%的信息来自听觉，60%～80%的信息是通过视觉接收的，而且视觉信息的内容比听觉信息的内容更丰富、更细腻、更形象。各个体育项目的教学有其特殊的信息传递规律。体育教学过程是一个以身体练习为主的教育过程，在体育教学过程中，学生通过听觉获取信息的时间要比其他教学过程少得多，这样也就无形中提高了视觉信息在体育教学中的重要性。

教学信息反映着教学系统自身的各种状态和特征。信息在现代教学训练中的运用主要表现在以下几个方面：运用控制信息有效地调节和控制学生的学习；运用信息反馈对正在进行学习的过程进行有效的检测和调控；运用信息对学生学习过程与状态进行诊断，了解学习的进展情况，评价学生的学习效果；运用获取的信息改进教学工作，以不断创造新的技术、教学手段与方法；运用扩大知识信息获取量提高教师和学生的知识和技能水平；运用各种不同的信息对教学、学习过程进行多学科综合调控。

信息论的观点是把教学系统看成信息系统，研究教学信息的传递、处理和储存，以揭示教学信息系统的活动规律和控制规律。程序教学过程中及时反馈、及时强化的控制作用是通过信息的传递、储存、处理而实现的，因此研究体育技术教学，运用信息论方法是十分必要的。体育教学中教师通过一定的手段把信息（也就是技术动作）传递给学生，学生通过对信息的加工处理进而形成正确的动作概念，所以在体育教学中运用程序教学也是以信息论为基础的。

（五）程序教学模式的心理学基础

1. 行为主义心理学

学习过程实际上是一个刺激—反应、强刺激—强反应的过程，有怎样的刺激，就将产生怎样的反应，强的刺激将产生强的反应，弱的刺激将产生弱的反应。同时很多学者认为繁重的学习任务将加深学生的学习焦虑，而过高的学习焦虑则会降低学生的学习效率。如何一方面让学生的学习任务增强，另一方面又不会使学生产生过高的焦虑，是体育工作者面临的重要课题。因此，在程序教学中科学合理地编制教学程序是非常重要的。

2. 体育心理学原理

体育心理学原理表明，动机是激励人去行动以达到一定目的的内在动因，它以欲望、兴趣、理想等形式表现出来，是个体发动和维持其行动的一种有意识的心理活动倾向。体育教学中学生的学习动机是指推动学生学习运动技术、经常参加体育活动的心理动因，是学生掌握运动知识、技能的前提。学习动机一般是由学习的自觉性和对学习内容的直接兴趣这两种心理成分组成的。学生对体育活动的学习动机，其自觉性和直接兴趣是互相促进并在一定条件下相互转化的。学习的自觉性可以进一步提高其直接兴趣，而直接兴趣也有利于培养其学习的自觉性，使学习效果更加理想。利用程序教学模式对体育技术进行教学，能够提高学生的学习兴趣，进而提高其自觉性，使得其学习是主动学习而不是被动灌输。

3. 运动技能形成规律

从运动技能形成原理来看，形成运动技能就是要在刺激的不断重复下建立"运动条件反射短时性神经联系"，进而形成正确的技术动作。只有外部刺激才能形成运动技能。在学习中除了外部刺激，其内在的心理活动如情感、态度、思想活动等的作用对学习效果的影响也很重要。如情感在技能认知中进行活动定向，意识的作用在于支配动作的实施。学生在学习中表现出的主动性和积极性是建立在情感对教学信息的接收上，并认识到学习内容的价值，这时意识控制才会加强。虽然在练习中会出现错误动作，但由于可以得到及时的信息反馈，能够在主观上朝向练习目标，随着学生控制能力的提高从而形成熟练的运动技术。运动技能从开始学习到熟练掌握的全过程可以分为泛化过程、分化过程、巩固过程、自动化过程四个时期，这四个时期是一个完整的动作技能形成过程，这个过程是互相联系、互相影响、统一且不可分割的。

从体育教学具体实践方面来看，程序教学就是借助一定的方法（控制论中叫"算法"），按一定的顺序有控制地学习任何一种动作技能的教育过程，是一种新的具有综合性特点的教育过程。程序教学训练是根据控制论、信息论、系统论的一般规律确定的一种运动技能教学训练的方法与过程。程序教学的实质和核心是提高练习者掌握知识技能过程的控制性，即把学习知识和掌握动作技能的过程置于体育教师的最科学合理的控制之下，使这个过程的顺序性、经济性和实效性均达到最佳的程度，从而大大提高体育教学的效果。在体育教学中，教师根据具体的技术动作编写合理的教学程序，实质上就是对动作技能进行科学合理的控制，并通过信息的传递与反馈控制学生学习技术的程序，使其有一定的顺序性，避免学生盲目学习，从而提高学习的经济性与实效性。

三、高校体育教学中程序教学模式的编制

（一）程序教学模式的编制方式

1. 直线式程序教学

直线式程序教学是将教材分成若干个小的"步子"，并按一定顺序进行教学训练。其基本特点是练习者提出的所有问题都是按一定的直线单向序列进行的。它是一种相对简单的模式，适用于一些简单的技术项目。

2. 分支式程序教学

分支式程序教学是将教材分为比直线性程序更大的"步子"，每个大的"步子"中再确定一些具体的算法程序（具体的方法和手段），根据选择的算法从每步所要学的教材中向学生提出各种检查性的问题，或是对前面学过的教材做补充性的解释，然后再给出新的检查性问题。例如，网球教学时，将正手动作分为引拍、击球、随挥几个大的"步子"，然后按以上方法分几步教学。每一步采取各种具体的方法进行练习，并用检查性的问题或手段进行检查或考核，完成一步后再进行下一步教学。分支式程序教学在教学中往往用于促使练习者动作技能的提高和技术结构较为复杂的运动项目的教学，如网球运动的教学。

（二）程序教学模式的特点

1. 教学内容的时序性

教学内容的时序是根据项目的特点按照一定的逻辑顺序而编制的，并按照一定的教学手段执行。程序教学更重视对教学过程的监督和考虑，因而对教学过程的控制（约束、限制）就比较强。

2. 程序教学比传统教学的实际教学效果更好

程序教学比传统教学的实际教学效果更好的表现在于：程序教学能更有效地提高练习者学习动作技能的积极性与自觉性；在分组教学与训练时，程序教学仍可以进行个别的教学与训练；程序教学是建立在各阶段教学效果得到保证的基础之上的，因而最终的教学训练效果不仅较好，教学训练过程也能得到保证。程序教学并不完全排斥传统教学，因为它是在传统教学模式的基础上发展起来的。目前，很多国家都在研究如何将传统教学与程序教学密切地结合起来进行动作技能的教学，以做到严格的程序与教师的经验及掌握教学过程的灵活性相结合。

3. 程序教学模式是在规定的程序教材中完成的

程序教学是一个完整的控制系统，这一系统是学生与教师之间的信息传递过程。教学中先由教师传授信息、学生接收信息，在动作学习的具体环节上教师又通过学生在练习过程中反馈的信息进行重新组合，找出该过程的优点和不足，转换成更科学合理的、更适合学生接收的信息进行输出，进而使信息不断频繁交换，使学习内容得到不断深化和丰富。

（三）程序教学模式的编制原则

1. 小步子原则

程序教材是把所学内容进行整理设计后将其分成几个部分，每部分就是一个知识段，也就是所谓的小步子，把这些小步子科学地连起来编制成较长的序列，后面的步子比前面的步子逐渐增加难度。学习过程中学生按照此序列进行到最后一步也就掌握了本次的学习内容，遇到难题只要返回上一步重新巩固就可以了。其学习内容是逐步呈现的，学生能够循序渐进地掌握所学内容并最终完成学习任务。

2. 即时强化原则

学习过程中如果学生遇到困难，进行思考后仍解决不了，又没有教师的及时指点时，则很容易放弃对本内容的学习。但是在根据程序教学方法学习时，学生自己便能够及时地找到解决问题的方法，也就是返回到上一步的学习，这样就可以对所学内容加深印象，在一定程度上相当于对学习的强化，更容易掌握学习内容。心理学研究表明，人对知识的学习是不断强化的结果，而知道答案也是一种强化，因为学生可以增强自信心并获得奖励，从而对学习内容更有兴趣。

3. 自定步调原则

在程序教学中，学生可以根据自己的实际情况掌握学习进度，可以根据对学习内容的掌握程度自定步调，按照自己的进度进行学习。自定步调体现了以学生为主体的指导思想，使不同水平的学生都能按自己的学习进度对教材进行学习。

4. 主动反应原则

程序教学的内容是由每一小段（小步子）内容按照一定序列组合起来的完整的内容，是一个完整的链条，学生能够不断地按照程序所提供的问题或方法进行学习。学生学习完一个内容后可以立即被强化或得到奖励，这样既保证了学生能够处于积极的学习活动中，又增强了其对学习的兴趣。

（四）程序教学模式的编制目标

程序教学是在高校体育教学改革的背景下提出的一种教学模式。传统的教学中教师强调的是达标，就是要求所有的学生达到同一个教学标准。程序教学的目标是让90%以上的学生掌握基本技术动作，了解技术原理。另外，其能够提高学生的自学能力，培养学生的体育兴趣，为终身体育奠定基础。

（五）程序教学的控制系统

程序教学过程可以看成一个控制系统，这一控制系统是教师与学生之间的信息运动过程。在程序教学模式中，先由教师将信息传递给学生，学生接收之后在具体实践中提出反馈，教师利用反馈的信息重新调整教学程序与内容，然后再将调整后的信息传递给学生。如此循环往复，使得教学内容不断深化，教学效果不断改善。

程序教学具有严格的逻辑顺序以控制系统和满足连贯的动作技术要求，对动作技术的程序化教学的调控过程都是利用信息反馈来实现的。为了获取最优的教学效果，必须建立快速且有效的信息反馈控制系统。学生通过程序教学控制系统的调节，对所学动作与正确动作进行比较，发现问题，提出改进程序，不断修正错误。例如，在完成羽毛球正手抽球动作时，中枢神经系统不断获得有关动作的用力大小、动作节奏、动作方向等方面的信息，然后再通过新信息去纠正错误动作，从而提高正手抽球动作的质量。这样，在每个教学阶段都有一个合适的信息传递给学生，保证了学生的学习质量。另外，从反馈调控的角度来看，教师能及时在每一程序得到学生的反馈信息，便于了解学生的学习状况，及时调整、控制输出的信息，使学生在不同的序列里能获取最佳适宜信息，最后达到总体优化的目的。

四、程序教学模式在高校体育教学中的实践创新

"程序教学模式作为一种有效的新型教学模式，能改善并促进体育教学的不断发展。当前不少体育教师为了更好地提高程序教学模式的教学效果，提出了程序教学模式与时空认知相结合的体育教学模式，即程序—时空认知教学模式，不断地对程序教学模式进行创新研究并应用于实践中。"[1]

（一）程序—时空认知教学模式的概念

时空是一种客观抽象的概念，是万事万物存在的基本属性，能被人们所感知。而认知则是一种主观抽象的概念，这是一个对外部世界事物的理解过程。人们的思维活动是在时间上不断地运动变化的，时空与认知分别代表了人类对事物认知的客观与主观两个维度。人类并非仅是被动地接受刺激，他们的大脑正在积极地处理接收到的信息，这种处理过程实际上是一个认知过程，即人类的感觉器官对外部刺激进行信息处理。因此，将时空与认知相结合的概念可以理解为人类大脑对其感知到外部事物的存在方式进行一系列的信息处理和加工。

程序—时空认知教学模式是一种特殊的教学方法，其中教师依据不同体育技术项目的教学流程，与学生的时空感知、时空表现等多个方面进行紧密的结合。在教学实践中，教师尝试将这两种不同的教学程序融合在一起，以进行更有效的教学模式尝试。这种教学模式特别适合于体育教学训练中的基础技能动作教学，它可以有效地提升教学的效率、质量与品质，大幅度增加练习的成功概率，同时进一步缩减教学时间，在增强学生的自主学习能力方面发挥至关重要的作用。这种模式将教师"教"转变为以学生"学"为主，有利于促进师生之间、生生之间相互交流，增强课堂教学活力，调动学生的学习兴趣。当这两种教学模式完美融合时，可以极大地激发学生的学习热情和主观能动性，同时也有助于培养他们的思考、认知和创新能力。此外，在教学活动中，教材被划分为严格的逻辑单元，

---

[1] 冯消宏，王霞.体育课程教学模式与改革探索[M].长春：吉林出版集团股份有限公司，2019：115.

这有助于学生逐渐加深对技术的深入理解和全面掌握，从而简化了教学过程并增强了学生的学习自信，由此通过这种教学方法，学生不仅能获得知识，还能得到技能技巧。在教学活动中，教师应该针对学生的各种反应进行及时、适时的反馈与灵活调整，并对错误的行为及时进行纠正，这种持续不断的信息反馈有助于学生按照正确的学习方向和教学流程的规定，以最适合自己的学习速度展开学习，并不会由于个体素质和基础知识的不同，对整体学习进程产生不良影响。除此之外，教师在每一次学习过程中都应该进行深入的了解，以便找出教学流程中存在的问题，便于对其进行适时的调整、增补、优化与完善。

（二）程序—时空认知教学模式在高校体育中的应用

1. 教学程序与时空口诀

编制教学程序和时空口诀是实施程序—时空认知教学模式的重要基础，它们的合理性直接影响到教学的顺利进行，也会对教学效果产生直接的影响。在编制程序—时空实施程序的过程中，教师必须严格遵循程序编程的方法，全面掌握和了解相关的注意事项，并严格遵循从简单到复杂、由易到难、循序渐进的教学原则。

（1）程序编制方法

首先将一个完整的技术动作划分为多个小步骤，也就是设定多个学习目标。学生在掌握了第一个学习目标之后，再继续学习第二个和第三个，以此类推。完成所有的小步骤后，进行完整的技术动作练习，并持续加强和巩固，直到他们完全熟练掌握。集中式程序的主要编制方法是先让学生掌握前几步的内容和当前的几个目标，然后巩固它们，接着继续学习下一个目标，直至技术动作的最终完成。交叉式程序的编制方法遵循"整—分—整—分—整"的学习模式，具体而言就是学生首先掌握完整的技术动作，然后学习第一步的内容，掌握第一步的内容后重新学习完整的技术，然后再学习第二步，掌握第二步后再重新学习完整的技术……直到完全掌握技术动作。

在编制体育技术的教学程序的过程当中，程序的推进和动作的难度逐渐增加。为了最大程度降低给学生在学习中的难度和困难，教师需要结构性分析体育技术动作，明确动作的关键、难点和重点，并在技术层面上适当调整教学步骤。当运动技能发展到一定阶段后，就需要把这些关键部分分解为几个相互联系的单元来完成。在这种情况下，可以选择使用集中或交叉的编程方式，以确保技术连接更为流畅和完善，同时也更容易确立正确的动力定型，并且根据这一特点，把每个动作都划分成几个相对独立又相互联系着的部分。除此之外，应特别强调动作的核心与难点，并持续练习，以防止动作之间出现"断裂"。要使每个动作都达到较高的质量，就必须抓住关键部分。从结构角度看，一个动作可以被划分为多个小部分，其中最具挑战性的部分对学生来说是难以掌握和理解的，这一部分对学生的动作完成效果和技能评价起到了决定性的作用，因此在教学过程中应该注意每个阶段关键动作的把握。关键点与难点在某些时候是相似的，在其他时候则有所不同，最关键是技术要领或技巧方面，难点是运动技能的具体体现。然而，重点通常是更为复杂，有时它代表着核心与难题，有时它仅是课堂上需要重点解决的问题之一。这也是我们平时所讲的"精讲多练"，而不是说"少教多学"，关键是教师如何把握好每个阶段的重难点，让学生能够很容易地接受。因此，在教学过程中明确区分关键点、难点以及重点，在某种程度上对学生的学习成效具有十分显著的影响。

（2）编制体育技术教学程序和时空口诀应该注意的事项

教师在编制体育技术的教学流程时，需要严格遵循特定的编程策略，并且与体育的技术特性、技术框架和固有规律相结合，巧妙地把各种运动技术细分为若干小步骤，对每一步的教学步骤进行合理的重新组合，从而构建一个全新的教学程序。课堂前设计的时空口诀，实际上是按照教学程序的小步骤编制的，其主要目的是帮助学生更深入地理解运动技术的时空属性和特征，从而更迅速地理解和全面掌握运动技术。教师在组织课堂教学时应尽量把教学内容用一些简单易学的时间口诀表示出来，因此在设计时空口诀的过程中，必须紧密结合运动技术的关键动作。同时教师要注意对时间顺序进行编排，以适应不同年龄层次学生的需要。需要注意的是，口诀应当简洁明了，以便学生更好地理解和记忆，确保时空口诀在辅助技术动作学习过程中能够发挥最大效用。

教师在编制运动技术教学程序以及时空口诀的过程中，不仅要确保其合理性，还需要充分考虑两种教学模式的独特性，只有将这两种模式的优势融合到教学中，才可以产生最大化的教学效果，并且达到培养和提高学生的运动技能、终身体育意识、自学能力等多方面的教学目标。编制运动技术教学程序的主要目的是帮助学生更快、更好地熟练掌握运动技术，因此在编制教学程序时，应对学生的个体差异以及他们对体育运动的了解和兴趣进行全面掌握和了解。因为唯有在充分掌握了这些信息之后，所编制的教学程序才可以真正与学生的实际需求相符合，同时也更容易得到学生的接受与认可，从而在教学过程中达到预期的效果。

2.程序—时空认知教学模式在高校跳远教学中的应用

基于现代跳远技术的独特性，与程序教学模式的编程方法和特点相结合，并且按照程序教学和时空认知结合的教学模式，为跳远技术教学中的程序构建提供教学基础，可以制定出跳远程序—时空认知教学模式的教学流程：

第一步，在课程开始前，教师要做好准备工作，分解好教学目标，确定本节课的学习内容，编制学生跳远时空口诀。

第二步，在课程的开始阶段，教师进行常规教学，并教给学生时空口诀，然后进行讲解示范，并让学生观看技术图片，加强跳远运动时空感训练。

第三步，进入独立自主的练习阶段。在教学过程中，教师鼓励学生进行独立的练习，并借助学生和学生间的互动和意见反馈来识别导致错误动作的根本原因。教师还会根据学生错误动作的具体原因，为学生提供及时的帮助和正确指导，以便学生能更准确地纠正错误，并进一步进行强化练习，从而完成技术学习任务。

第四步，教师对学生进行一系列的测试。测试的成果可以划分为三个类别，即通过、基本通过和未通过。其中，通过指的是学生熟练地执行和完成技术动作；基本通过指的是学生无法熟练完成技术动作，动作不连贯，并且比较僵硬，必须加强训练才可以通过；未通过指的是学生无法完成技术动作，需要重新考虑和分析师生、生生之间的沟通和交流，对学习过程进行及时反馈和总结，并顺利找出解决方案。那些没有通过但经过强化训练后通过的，有资格进入下一个学习单元；对于那些尚未通过的，需要不断学习，直到掌握后才可以进入下一个学习单元。

第五步，学生在课程结束之前需要完成时空认知的问卷调查，并在课后回顾课堂上的教学方法、工具以及个人的感受和体验。

3.程序—时空认知教学模式在高校排球教学中的应用

当教师在排球教学过程中使用程序—时空认知教学模式的时候，可将课堂操作分为五个不同的阶段：

第一，在正式授课前，教师需要重点考虑三个方面，即使用的教材、学生和教学方法。其中，"教材"是课堂教学的依据，更明确地说，教材是教师在课前已经预先编好的教学程序以及时空口诀；所谓的"学生"主要指的是在课程开始之前，学生需要掌握时空口诀，从而对排球技巧有一个基础的认识，这将为他们在课堂上的实践活动提供重要的理论支撑；"方法"则是在课堂上根据教学内容来安排各种不同的训练手段或方式，核心思想是将教学材料与学生通过不同的方式紧密结合，借助技术动作与时空口诀的练习，帮助学生对排球的技术动作有一个准确和全面的了解。

第二，教学开始时仍然采用比较常规的教学模式，教师为学生全面展示和详细解释技术动作，加强学生对动作的时空感知，进而鼓励他们主动进行练习。

第三，当学生进入自主学习和练习的阶段时，为了增强他们的自主学习能力，教师指导每位学生根据自己的实际能力与水平来选择最适合自己的学习方法。这种方法不仅可以激发学生的学习热情，还能帮助他们获得更为出色的学习成果。教师要善于发现学生身上存在的问题并加以改正，鼓励学生之间进行深入的交流和意见交换，相互协助以找出问题的根源，并分析原因、解决问题。当学生掌握了正确的技术要领，可以组织练习，使之更容易理解、记忆并运用到实际中去。此外，师生之间应该保持频繁的互动和沟通，教师为学生提供及时的评价和反馈，对他们的错误动作进行及时纠正，不断加强与巩固正确的技术动作，以更好地帮助学生成功达到课堂的目标。

第四，教师进行主观测试。在测试中，可能会出现三种不同的结果：通过是学生可以熟练完成动作；基本通过是学生在完成动作方面尚未达到熟练的水平，还需进一步加强相关练习；未通过是学生没有完成技术动作或者出现错误动作。对于那些未能通过的学生，教师需要特别关注，并且其他学生要给予一定的支持与关心。同时，未能通过的学生应该积极地与教师或者同学进行沟通和讨论，寻找问题的根源和解决方案，纠正自己的错误动作，并加强对正确动作的练习，持续练习直至通过。

第五，每节课的结束和开始之前，学生都需要完成时空口诀的反馈表格与自我评价的细则表，这样可以更好地了解他们的学习进展和在课堂上的实际体验情况。

(三)对高校体育教学中程序—时空认知教学模式应用的再认识与建议

1. 对高校体育教学中程序—时空认知教学模式应用的再认识

在程序教学与时空认知相结合的教学模式中,首先,通过学习时空口诀,学生可以初步建立技术动作的时空感知。其次,将技术动作与时空口诀相结合进行模拟练习,以加强学生对技术动作的深入理解,帮助他们形成正确的动作概念以及时空表象,从而使他们动作学习的难度和错误率得到较大幅度降低。教师根据教材中的时间顺序设计出相应的情境,激发学生的学习兴趣,利用录像、视频等多种教学工具有效提升他们的运动技能和技术水平。

结合程序教学和时空认知的教学方法能够把整体的教学目标进行有机的拆分,这在很大程度上简化了技术学习的复杂性,并最终通过对这些拆分目标的优化组合,更有效地实现整体的教学目标。这种教学方法有利于提升教学质量和效率,促进学生发展。除了基本的教学目标,在课堂教学过程中结合程序教学和时空认知的教学模式,通过教师评价、学生之间的评价、自我评价来反馈信息,能够进一步激发学生的思考能力,提升其认知能力,使他们在学习过程中能够主动地识别、分析和解决问题。这不仅增强了学生的独立性和自主性,更关键的是它有助于培养和提升学生的综合能力。

2. 对高校体育教学中程序—时空认知教学模式应用的建议

为了辅助学生更好地理解和记忆技术动作,课堂前所设计的时空口诀成为形成准确动作概念的重要基础。所以,在设计时空口诀的时候,必须严格遵循动作的技术关键点和要领,以确保口诀的简洁性和准确性,从而便于学生的理解与记忆。结合程序教学和时空认知的教学模式,可以将教学内容进行合理的拆分,这种模式虽然在一定程度上降低了学习的难度,适合不同能力水平的学生,但在教学过程中教师也需要使用适当的辅助工具,以将学生的学习自信、主动性与积极性充分调动和激发出来。更重要的是,教师应该引导学生在练习过程中持续地思考,实现学习与思考的有效结合,同时结合反馈和强化,使技术动作的准确性得到快速提升。教师在编制教学程序和时空口诀时,除了需要对教材内容的独特性和两种教学模式的最佳组合进行考虑外,还要与学生的实际能力相结合,这样才可以制定出既合理又高效的教学程序。

第三节　高校体育俱乐部教学模式的应用与创新

一、体育教学俱乐部理论

（一）体育教学俱乐部概述

1. 体育教学俱乐部概念的界定

"俱乐部"这个术语起源于欧美地区，也被称为"总会"，它是社会组织和公共娱乐场所的统称，其功能是组织和开展各种娱乐活动，以满足人们日益增长的物质文化需要。"根据美国经济学家詹姆斯·布坎南在《俱乐部的经济理论》中提出的俱乐部理论，可将俱乐部的主要特点概括为：俱乐部有一定的地理区域范围，该区域范围内存在有一定关系的人群；俱乐部具有相对的独立性，成员拥有相对一致的利益，某些需求可在俱乐部中得到满足。"[1]

鉴于体育俱乐部的多元性、多样性和其内在的复杂性，明确体育俱乐部的定义变得尤为关键。从社会学视角分析，体育俱乐部具有一定的社会性。体育俱乐部不仅是社会组织形式的一种，更是"人的集合"，它是一个主动参与体育活动的社会组织，致力于开展体育活动。它具有非营利性、自治性和自律性等特点，并有自己明确的宗旨和目标，在一定程度上反映了现代体育的发展趋势。体育管理机构将体育俱乐部定义为：由各种企事业单位、社会组织以及公民个体通过非政府财政资金支持成立的，主要以组织体育活动为核心任务的基层体育组织。在我国，体育俱乐部一般指具有法人资格的全民所有制或集体所有性质的体育组织。体育俱乐部大致可以分为三个主要类别：业余、职业以及商业。在这之中，业余体育俱乐部代表了一个非营利、业余、自主和自治的群众性体育组织。

作为非营利组织之一，学校应当被归类于业余体育俱乐部。在体育课程设计中，不仅要强调课堂教学的重要性，同时也需要为课外活动提供服务。体育俱乐部是实现上述要求的有效途径之一。学校体育活动主要以体育教学为核心，采用体育俱乐部的方式展开教学，并应严格遵守教学原则，简单来说就是在教师的科

---

[1] 秦纪强. 新时代中国高校体育俱乐部制研究 [M]. 合肥：安徽大学出版社，2021：165.

学、正确指导下，学生可以自由选择项目、具体上课的时间，同时学生也可以自主选择锻炼内容，按自己的意愿安排学习与练习。对于拥有共同体育锻炼兴趣的大学生，基于他们的生理、心理等不同的实际需求，将素质教育和健康教育作为核心目标，将学校的体育设施作为重要依托，围绕特定的运动项目，从宏观的课程视角出发，将体育教学、课外体育活动、群体竞赛和运动训练有机地结合在一起，形成一种综合性的体育教学方法，这就是俱乐部体育教学模式。

2. 俱乐部体育教学模式的特点

（1）明确的培养目标和指导思想

俱乐部体育教学模式结合高校体育教学实用性、多样性、社会性、娱乐性的特点，以终身体育为指导，把增强学生的体育锻炼意识，掌握体育锻炼技能、方法，养成锻炼习惯，提高身心健康水平及社会适应能力作为教学的出发点和归宿。立足"课内增知，课外强身"的指导思想，体现"以人为本"的教育思想，围绕运动参与目标、运动技能目标、身心健康目标、心理健康目标和社会适应目标开展体育活动。

（2）新颖的教学组织形式

俱乐部体育教学模式打破了年级、专业的限制，按学生需求和水平分层教学，这样既发挥了教师的专项特长，又有利于学生形成最佳的情感体验，符合因材施教的原则，是适宜学生全面发展的教学组织形式。

（3）会员制度

会员制度要求学生在交纳一定的会费的情况下才能加入俱乐部，并享受会员待遇，会费用来维持俱乐部日常的运转。这在一定程度上也引导着学生转变体育消费价值观。同时，通过会员制度更有利于教学和管理，提高教学质量。

（4）体育教师的专业特长得到了充分发挥

体育俱乐部是一种新型的组织机构，体育教师以俱乐部作为教学平台，可以最大限度地利用自己的专业优势，在学生群体中塑造出积极的形象，并确保教师在教学过程中起到关键作用和主导作用，从而有效提升整体的教学效果与质量。调查发现，课外单项体育俱乐部或一些体育协会的指导教师都是各个专项中最具说服力的教师，如曾经获得过全国比赛的冠军，这些教师在学生的心目中具有较高的威信，教师的人格魅力也在吸引着学生参加俱乐部的活动。另外，教师之间也存在着一定的竞争性。从选课、择师到择教的整个过程机制来看，学生在选课和择师时都是不断变化的，处于一种非静止状态，并且他们对教师的选择也是随机的。学生对教师的满意度是评估教师能力的主要标准，因此教师除了需要成为某个项目的专家或者权威之外，还需要灵活掌握多种体育运动技能。

（5）学生参与教学与组织管理

俱乐部的体育教学方法将学生的兴趣和爱好置于首位，在对教师主导作用进行重点强调的同时，也更加重视学生的主体地位。将组织、管理等的相关权力交给学生，这不仅激发了学生的学习热情，还增强了他们的学习积极性和主动性。这种教学方式符合当代大学生身心发展的规律和特点，能有效地激发出他们参加体育锻炼的热情和兴趣，有利于促进身心健康全面发展，从而为终身体育打下基础。教师在体育教学过程中，让学生积极参与，有助于培养一批优秀的体育骨干人才。更为关键的是，它让学生尽可能多地掌握和了解各种体育锻炼技巧与方法，培养他们持续进行体育锻炼的良好习惯，从而使其各项能力得到有效的锻炼。他们利用在课堂上学到的体育锻炼技巧和方法来引导课外的体育活动，一方面在体育教学中达到了有形与无形效果的融合，另一方面也实现了教育的短期与长期效益的统一。

（二）我国高校实施俱乐部体育教学模式的条件

随着经济、文化发展，人们对生活质量的要求不断提高，体育锻炼作为一项重要内容已受到越来越多的重视，而高校体育教育则成为全民健身活动的主要阵地之一。社会大众对于体育运动有着更多的需求，而学校作为培养高素质人才的基地，需要不断提升自身的教学质量，才能满足人们日益增长的需求。

1. 经济背景

目前，我国国民经济呈现出积极的增长态势，经济的总体规模已经达到一个新的高度。随着经济状况的逐渐改善，国家在教育和体育方面的财政支持也逐渐增加，这为体育教学俱乐部的发展提供了必要的经济基础，并有助于更有效地推动高校体育课程的深化改革。

2. 文化背景

中华传统文化源远流长，深邃广泛，无论是在思想、制度、内容还是方法上，中国的体育课程都在无意识中受到了传统观念的深刻影响。体育课程实际上是文化历史发展到某个阶段的结果，它是文化的表达方式和载体。在学校教育中，体育具有强身健体的作用，同时其也是一种重要的德育形式和手段。中国的体育课程植根于中国的文化背景中，因此它无处不展现出中国文化思维。在当今这个竞争激烈的时代，应该重视体育文化的建设和传承，应该在俱乐部体育教学中融入中国文化这一独特的文化传统，从而塑造出一种独特的文化氛围。在新时代下，要继承和发扬优秀的传统文化，使之融入高校教育体系，为我国体育事业发展做出应有的贡献。

3. 自然环境

我国地域广阔、地貌多样且气候变化明显，因此体育活动可以对地势条件进行充分利用。如果能够明智地选择、设计并充分利用地形和地势来进行体育活动，这无疑将为体育爱好者带来健康和安全方面的益处。同时，通过不同类型的场地、器材及环境对学生进行体育锻炼也是非常必要的，结合俱乐部的体育教学方式，南方高校可以在夏季开设游泳、赛艇等课程，北方高校可以在冬季开展冰上、雪上等体育活动。

4. 校园体育文化环境

校园体育文化是指校园文化中与体育有直接或间接关系的部分。校园体育文化是影响校园内群体参与、关注体育的一种导向性文化。它形成的动因，主要来自校园内学校体育开展的状况、学校体育发展的硬件建设、体育竞赛的水平、参与竞赛的人数、参与者的积极程度等。它能够提高学生对体育的深层次的认识，从而引导其形成体育锻炼的习惯，对学生终身体育锻炼行为的养成起到积极的促进作用。学校的体育文化建设与体育教学俱乐部之间存在着不可分割的紧密联系。校园体育文化的影响范围非常广泛，它涵盖了体育课堂的教学和课外的体育活动，且在宿舍、食堂等地都可以看到体育活动的身影。体育课堂教育中也蕴含着校园文化元素，俱乐部模式下的体育训练则更加注重锻炼学生的团队合作能力和身体素质。体育课程改革要求我们把培养德、智、体全面发展的人才作为教育目标之一，这一切都离不开校园文化。将校园体育文化以一种巧妙的方式和俱乐部体育教学模式相结合，一方面可以促进学校体育活动的广泛开展，使学生的业余生活变得更加丰富和精彩；另一方面，这种结合对于培养学生的体育习惯和终身体育意识具有十分重要的作用和意义，不可忽视。

二、俱乐部体育教学模式的构建创新

（一）弹性体育教学俱乐部模式的构建

1. 现实差异基础

将体育教学俱乐部置于我国这样一个地域辽阔、人口众多的环境中，会发现不同地区在经济条件、教育设施等方面存在差异性、独特性和不平衡性。正是这些差异性、独特性和不平衡性对体育课程提出了不同的要求。因此，弹性体育教学俱乐部模式的构建，必须在各个地区现实的基础上进行认真研究，以切实增强体育课程对地区的适应性。我国不同地区的差异导致了学校之间的差异，甚至同一地区的学校也可能存在着差异，这些差异主要体现在培养目标、师资构成、场地器材、教学条件和学生的体育基础上。因此，弹性体育教学俱乐部模式的构建，必须考虑到学校的差异，以增强体育课程对学校的适应性。

2. 教育理论基础

在当前的时代背景下，全球各国在课程改革上普遍追求的方向是让科学的领域回归到日常生活中，确保科学与生活的完美结合。从世界范围来看，体育教学俱乐部是一种新事物，它是以学生为主体，教师为辅体，由学校组织开展的课外体育锻炼活动形式。当这一时代思潮深入到体育教育的实践中，这代表着高校体育教育应当将确立"主体教育观"定位为改革的核心任务之一。"主体教育观"是人们对学校教育对象进行认识、研究、实践过程中所持有的一种观点和看法，主要包含两个核心观点：一是人作为教育的重要主体，在实施教育的过程中应当重视并增强人的主体性，培育出具备主体性的个体。人与人之间的关系，实际上是主体与主体间的互动关系，也就是所谓的交互主体关系。师生在教育过程中借助相互交流形成了一个共同体，通过持续的师生互动，可以培养出具有主体性的人，这是教育的直接目的与内在价值。二是教育应当与生活世界紧密相连。因此，学校体育教学改革应该注重以发展学生的主体性为中心，促进学生身心和谐健康发展。针对这一点，弹性体育教学俱乐部模式应当遵循"主体教育观"的核心理念，并在课程设计、教学内容等方面将"人本主义"充分展现出来。

3. 课程政策基础

在体育课的教学过程中，教师必须严格遵循学生的身心发展规律，确保教学内容与教学大纲相一致，对学生的年龄、性别等进行综合全面的考虑，同时体育课的教学方式也应具有多样性和灵活性。如今，以素质教育为核心的新课程体系应运而生，学校需重视课程内容在推动学生健康成长方面的有效性和实效性，并确保和体育课程内容的无缝对接。体育教师必须具有较高的教育理论水平，掌握一定的专业知识和技能，有良好的思想品德素质，具备创新精神。在课程设计过程中，需要体现出该学科的最新进展和成果；应注重提高教师自身素质，更新教育观念，树立正确的"以生为本"思想，培养具有良好心理素质的人才；在教育过程中，应当以学生为中心，遵循他们的身心发展规律和兴趣爱好，这不仅需要教师主动地适应学生的个性发展需求，还需要主动地适应社会的不同发展需求，以便更好地为学生服务，并方便他们在课外进行自我学习和练习；应该对我国的民族传统体育进行大力推广，将时代性和民族性展现出来的同时，将中国特色全面体现出来。

（二）体育教学俱乐部弹性化的含义

1. 体育教学俱乐部的发展向度

体育教学俱乐部的弹性化从宏观角度展示了体育教学俱乐部课程模式的持续发展与完善的一个动态过程。

2. 体育教学俱乐部的项目向度

（1）体育教学俱乐部管理弹性化

体育教学俱乐部的管理方式具有一定的灵活性，它将传统体育课程的单一模式打破，使体育教学俱乐部课程管理的灵活性得到极大增强的同时，也进一步推动了体育教学俱乐部课程决策的民主性，并且促进了体育教学俱乐部课程的多层次管理体制的优化与发展。

（2）体育教学俱乐部目标弹性化

在设计高校的公共体育课程时，应当深入考虑社会进步对人才的多样化需求、学生之间的个体差异等多个方面。体育教学俱乐部在制定课程时，不能为所有地区、学校和学生设定完全一致的目标，相反，应该根据不同地区、学校和学生的实际情况，制定更为灵活的课程目标。

（3）体育教学俱乐部内容弹性化

在采用弹性体育教学俱乐部模式的情况下，如果条件允许，学校能够按照自身的经济状况、文化背景等来选择适合自身发展的体育教学俱乐部课程内容；不同的教育模式和层次的学校能够按照自己的办学目标、教学环境等因素选择合适的课程内容；学生能够依据个人的爱好和兴趣来挑选最适合他们的课程内容。

（4）体育教学俱乐部评价弹性化

体育教学俱乐部评价的灵活性主要涉及以下几个方面：首先，评价主体的多样性，也就是说，评价的主体除了教师之外，学生也是评价的主体，如学生的自我评价和对他人的评价，同时在评价方法上更加注重过程性和发展性。其次，评价的内容呈现出多样性，这意味着评价不仅关注学生对运动技能的掌握程度，还涵盖体育教学俱乐部的课程内容、教师的授课方式以及学生的出勤率、学习态度等方面。最后，评估方法的多样性，如在评价学生体育成绩的时候，不仅考虑其是否掌握基础的运动技巧，还要看其动作设计能力以及参与交流和讨论的表现。

3.体育教学俱乐部的对象向度

（1）学校

对于学校来说，体育教学俱乐部的弹性化意味着基于学校的办学理念、师资队伍等因素，对体育课程的总体和阶段性目标进行科学、合理的制定，最大化地利用学校的人力、财力和物力资源，尽可能多地组织和开展体育活动，充分向学生展现体育的魅力。

（2）教师

对于教师来说，体育教学俱乐部弹性化具有一定的灵活性，在某种程度上与体育教师在教学过程中的创新能力是等同的，这种教学模式有利于培养学生良好的心理素质和健康的体魄。例如，考虑到学生在体育学习上的差异，可以采用分班教学、单独教授等方式；为了激发学生对体育学习的热情，为他们提供额外的课外辅导等。

（3）学生

对于学生来说，体育教学俱乐部的弹性化意味着学生可以根据自己的技能、需求等来选择适合自己的体育课程，以满足自己的实际发展需求。

（三）弹性体育教学俱乐部模式的发展思路

1.弹性体育教学俱乐部模式的管理机制

（1）外部管理

管理制度的制定涉及学校的各个层面，因此仅依赖学校的体育部门进行管理是无法将所有问题与矛盾解决的，这需要学校各个部门的共同努力、支持和全面配合。学校在综合研究之后出台《大学生体育教学俱乐部管理条例》，将其作为管理的基石，通过制定条例来规范高校体育教学管理行为。在制定管理条例时，需要明确体育教学俱乐部的管理原则，并从宏观层面不断加强学校对体育教学俱乐部的管理。除此之外，学校的团委、体育部（室）等相关部门也应积极主动参与体育教学俱乐部的管理工作，确保各方共同参与和管理。

对于管理体制和规则制度相对完善的高校而言，则需要进一步加强以体育教学俱乐部为核心的管理体制，以便使学生可以在俱乐部活动中得到有效的锻炼和提升，从而发挥"学生主动参与，学校尽力配合"的管理功能。在管理制度上切实体现以人为本的思想，尊重每一位学生的主体地位，使每个学生都能享受到参与体育锻炼带来的乐趣，从而激发他们参加运动的热情与积极性。同时，在管理层面，实现"自我管理、自我发展、自主运作"的发展路径。对于发展相对滞后的高校而言，有必要进一步强化学校的管理职能。因为最初体育教学俱乐部的运营主要是由学校来负责的，未来的俱乐部管理工作应逐渐转向学生，让他们全面地管理，这将有助于培养学生的适应性，提升其管理和组织的相关能力，从而使他们在综合方面的素质得到大幅度提升。

（2）内部管理

鉴于参与体育教学俱乐部的学生在身体素质与运动技能方面存在差异，因此有必要制定和完善俱乐部的内部规章制度，并进一步加强其内部管理。然而，在具体的执行过程中，不能仅依赖学校的管理体系，还应该具备一定程度的灵活性，以确保学生在体育教学活动中能够充分发挥主体性。实际上，可以尝试将俱乐部的管理制度运用到实践当中去，并不断总结和完善。然而，从当前的情况来看，尚未建立起一套完善和成熟的俱乐部模式教学管理体制，各个地区的高校还是依据自身对俱乐部的认识与理解，结合学校的具体状况来制定适合自身发展的管理策略。需要注意的是，不应该对国外的管理方式进行简单的复制和照搬，原因是外国的俱乐部管理方式过于宽松，这并不适应我国高校的实际情况。从现实角度而言，可以采取灵活的管理策略，最大化地激发教与学的热情，提升教育的品质。同时，体育教学俱乐部需要构建一个高效且具有弹性的内部管理体制，并科学制定长期有效的管理制度，以便在规章制度允许的范围内有序地组织和开展一系列

的俱乐部教学活动、运动训练等。由此,为了更好地管理俱乐部的内部事务,应该从三个主要方面入手:

第一,制定实际可操作的灵活管理目标。体育教学俱乐部需要明确其管理目标,这一目标是由管理层与其会员协商后制定的。在制定出具体可行的管理目标后,还需要对目标实施监控,以保证这一目标的实现。俱乐部的管理目标应当尽可能符合其所在地区、学校的具体状况,同时也要与学生的实际需求相吻合,这些目标应当具备实用性、可操作性以及合理性,并且需要具体化。例如,对于学生会员的出勤率,某些大学有明确的规定:只有当学生的出勤率超过70%时,才可以被视为合格。

第二,进一步加强人力资源管理。学生是体育教学俱乐部的核心成员,所有的策略和措施都是为了提高和增强学生体育活动的参与度,最大限度地对学生的个性与才华进行挖掘,为学生提供展示自我和发挥才华的重要"舞台",从而确保俱乐部的顺利发展。因此,教师要善于运用激励艺术,激发学生参与体育锻炼的积极性,使其自觉主动地进行锻炼。例如,在比赛过程中让学生充当裁判的角色等。

第三,完善激励机制与约束机制。激励旨在激发人们的进取心,约束则是为了让人们遵循既定规则。激励机制作为一种管理方式,不仅要注重激发学生内在的潜能,还要使其行为符合社会发展的需要,在坚持"以人为本"的科学理念下,巧妙地将竞争机制引入其中,使制度更加科学,使管理体系和管理手段更加合理,对勤奋和优秀的学生给予奖励,对懒惰的学生给予惩罚,从而激发学生的学习热情、积极性和主动性。鼓励学生参赛,并将参赛结果列入奖学金评定范围,以提高他们的荣誉感,激发学习兴趣和动力。对于在各种级别的比赛中表现优异的学生,提供合适的奖赏,如物质奖励或课程时间的考核可以适度放宽,只要满足学校设定的考核标准就可以了。对于在俱乐部活动中表现不佳的学生会员,需要对其进行相应的批评与教育;对于反复教诲仍不改正的学生会员,应当施以相应的纪律处罚,同时对其做相应的思想教育工作。

2.弹性体育教学俱乐部模式的决策机制

(1)经费筹集

为了确保俱乐部的正常运营,必须有充足的资金作为支撑。不应该由学生们承担俱乐部运营的全部开销。按照不同地区高校的实际实施情况，弹性体育教学俱乐部的经费筹集方法有以下几种：

①政府拨款

依靠政府投资办学仍是我国体育教学俱乐部运作的最主要的方式。高校经费主要来源于国家财政收入，财政收入又与经济发展水平高度相关。因此国家和地区经济发展水平越高，就越有可能投入更多的教育经费。学校可积极寻求政府的支持，各级政府也可根据客观情况适当增加财政预算，加大对高校体育经费的投入力度。

②争取社会赞助

在运作的过程中，鼓励各俱乐部自己外出寻求赞助或参加各种比赛、表演，利用品牌效应使更多的企业投资于俱乐部的运营。同时，还可积极争取校办企业和校外企业的赞助。企业赞助为高校体育的收入提供了新的途径，各俱乐部可以代表学校参加各种比赛，对于赞助及比赛所获得的资金，一部分可以用于俱乐部的日常开支，另一部分可上缴学校，成为发展基金。

③获取捐赠

捐款的主要目的是获得校友会、个体等领域的支持。尤其值得一提的是校友的慷慨捐赠，很多学校的毕业生都会按照自己的经济状况大方捐赠，以此来回馈他们的母校，并为学校的体育事业的发展做出贡献。高校体育俱乐部在接受捐赠时，应该采取多种方式，如现金捐赠、实物捐赠等。捐赠在某种程度上可以被视为和政府资金投入同等重要的财务来源，其可以使体育经费的压力得到有效的缓解。

④创办经济实体

体育教学俱乐部虽然主要服务于学校，但发展状况较好的学校也可以专门面向公众或社会创办经济组织，进一步发展体育产业。在高校中可以利用校内外场地和设施进行一些商业性活动。例如，为学校的师生、员工提供体育设备、服装，这不仅可以满足学校内广大师生和员工的不同需求，还能为俱乐部的发展带来额外的收入。

（2）场地、器材

作为一种对场地和器材有较高要求的课程模式，体育教学俱乐部模式的数量、规模以及人均比例对学生体育锻炼的情况起到了直接的决定性作用。在一些条件相对优越的学校中，体育器材种类繁多且齐全；在体育设施和运动器材不够完善的高校中，在开展学生较为喜爱的形体、网球等体育项目时，由于缺乏足够的场地和器材，可能无法充分满足学生的学习需求，从而影响学生对体育的兴趣和形成良好的运动习惯。

针对上述问题，应该从以下两个维度入手：首先，高校应当从场地和器材的循环再利用以及可持续发展的角度出发，同时管理层也应更多地关注场馆和器材建设的重要性，并积极建立更多的新场馆和购置更多新器材，以便为体育教学俱乐部的顺利运营创造更加有利的条件。其次，高校应当在已有的基础设施上，不断加大对体育教学俱乐部场地和器材的建设与管理力度，对其潜在价值进行充分挖掘，同时对其进行合理规划和灵活利用，通过与高校的具体状况相结合，采取因地制宜的策略，确保场地和器材发挥最大效用。为了建设新的场馆，高校需要充裕的资金与时间，因此，高校应该考虑实施一馆多用、一场多用等策略，努力使现有场馆的使用效率得到有效提升，如篮球场可以作为排球场或羽毛球场使用等。

（3）教师队伍建设

①加强教师对体育教学俱乐部的认识

拥有一支高质量的教师团队是高校体育教学俱乐部成功的关键因素，这个团队既需要深入地了解和认识体育教学俱乐部，还必须具备高度的敬业精神和出色的专业技术。通过对体育教师的一系列职后培训，可以增强他们对体育教学俱乐部的认识和了解，从而改变他们的教学观念与教学理念，更好地适应时代，同时满足学生的不同体育需求。从目前来看，体育教学俱乐部对体育教师的期望和要求日益提高，体育教师不仅需要对自己最擅长的运动项目进行深入研究，还需要掌握至少两个专项之外的运动项目，以使学校体育教学以及学生的课外体育锻炼的不同需求得到充分满足。

②完善师资配置

体育教学俱乐部在招聘人才时，必须确保数量与质量的完美融合。无论是在年龄、职称、学位还是专业结构等方面，均需要有一个合理的组合，这样俱乐部的体育教师才能在数量与质量方面满足教学需求，同时具备在体育教学俱乐部任教的相关资格。在我国普通高校中开设体育教学俱乐部具有良好的发展前景。各个高校应按照自身的具体状况，对体育教师的师资配置进行持续的优化与完善，尤其是要重点关注对在职人员的绩效考核，同时积极引进科学、合理的竞争性机制，从而更好地实施动态的管理模式，只有这样才能提高教学质量，培养出合格的体育师资队伍。另外，为了最大限度地满足学校在体育领域的各种需求，体育教师的队伍结构通常应该是分级、有梯次的，最好是具有互补性和有效性，有应用价值的复合型结构。

第一，确保体育教师的人数，能够充分满足体育教学俱乐部的不同课程的教学需求。在体育课的内容中加入各种形式的体育比赛，对培养学生的兴趣具有很大帮助。体育教学俱乐部的课程教学不只局限于传统的课堂授课，它还涵盖学生的课外体育锻炼、运动训练等多个方面，尤其是业余的训练任务，应由专门负责这一活动的体育教练来完成。关于课堂教学的师资配置，一名大学体育教师每周教授约12节课是比较合适的，另外为了保证体育课堂正常进行，还要根据具体情况对每节课的时间安排做出相应调整，使每个学生都有一个良好的学习氛围。在为学生提供课外体育锻炼与运动竞赛配备的时候，体育教师应该对体育课堂上的教育资源进行最大化利用，同时，也应鼓励体育教师在业余时间提供相应的正确指导。鉴于学校的实际情况，如果现有的教师不够充裕，还应考虑外聘体育教师的方式，使体育教学与运动训练得到进一步的满足。外聘体育教师包括已经退休的专业教练、杰出的运动员等。

第二，体育教师的组成结构需要适应体育教学俱乐部的课程教学实际需求。从年龄分布来看，教师团队应包括老年、中年和青年三个年龄段，并且他们的年龄分布呈现出明显的层次性，其中青年教师能通过参加进修的方式，使自身的业务水平和能力得到提升，或者利用他们的年轻活力和进取心，更多地投入工作和实践，以便尽快适应学校体育发展要求，成为一支高素质队伍；中年教师可依靠多年的丰富经验，向年轻的教师分享他们的教学心得或者经验，并为青年教师的职业生涯提供正确的指导。从项目结构的层面来看，教师团队需要熟练掌握武术、网球、攀岩等各种体育活动。从知识结构层面来看，高校可以聘请其他院校的教师，以形成知识结构的互补，使他们的知识体系相辅相成。高校与高校之间要建立起稳定的合作关系，加强交流和沟通，提高师资水平。不同的体育大学或体育学院，因为它们的培养目标、课程设计等有所不同，所以在知识体系上也存在差异，因此各高校应根据自身的实际情况，制定出具有自己特色的人才培养模式和课程体系。从职称结构的层面来看，教师团队应包括助教、讲师等多个职称的专业人士，并确保他们之间的匹配是合理的。

3. 弹性体育教学俱乐部的教学机制

（1）指导思想

①宏观指导思想

应当根据体育学科的独特性和大学生的身心成长规律，重视和强调素质教育的重要性，把学生的全面健康发展放在首位，并且将体育教育与群众活动作为重要的基石，对学校学生的体育工作进行全方位的有序推动。所以，体育教学俱乐部采用的具体指导思想应该包括确立全面育人、健康第一、终身体育等，同时致力于体育教育的全面性、综合性、持久性和终身性。

②具体指导思想

大学体育课程应涵盖以下三个主要部分：一是体育课堂教学，二是课外体育活动，三是校园体育文化氛围，并且为了进一步把大学体育教育延伸到高等教育的整个过程，需要把体育课堂教学的显性课程和课外体育的隐性课程有机结合起来，将其作为一个整体来考虑。通过对大学生有计划地安排体育教学活动，使其达到既能锻炼身体，又能陶冶情操的目的。以体育教学俱乐部作为核心与主线，通过不同的方式鼓励和促进学生积极主动参与不同类型的体育活动，通过体育实践来大幅度增强身体素质，全面掌握1～2项运动技巧，深入体会和感受运动带来的诸多乐趣，并提升和培养他们的自我锻炼能力和习惯，从而为他们终身体育意识的形成奠定坚实的基础。

（2）目标体系

高校应当根据自己的具体状况，明确体育教学俱乐部的核心目标以及未来的发展方向，同时确定基本目标与发展目标。弹性体育教学俱乐部设定的目标具有一定的"弹性"，即弹性区间，这不仅考虑了不同地区的经济和教育水平，还考虑了不同学校的培养目标、师资队伍、学生体育技能等方面的差异。基本目标是依据绝大部分学生的基础需求来设定的，这体现了体育目标具有的强制性。发展目标是专门为在某一方面表现出色或有剩余学习能力的学生设定的，这体现了课程目标具有一定的灵活性和自由度。

(3)教学大纲

教学大纲弹性化意味着其具备一定的灵活性,在全国统一教学大纲的引导下,各实施体育教学俱乐部的普通高校需要根据学校的培养目标、学生以及自身的发展需求,为每个项目设置高、中、初三个不同的级别,并为每个级别制定与其相对应的合适的教学大纲。

(4)教学内容

教学内容弹性化意味着各个地区可以根据自己的经济状况、文化背景和教育条件来选择最适合自己的体育课程内容。学校能够按照自己的师资实际情况、办学方针等构建一个符合自己发展需求的体育课程内容体系,这样做既有利于发挥教师对教材的主导作用,又能保证教学计划的完成。在原有的"三自主"选课模式基础上,可以引入"适度弹性选授课"的新制度,这代表着教师能够按照学生的具体需求,在遵循教学指导纲要原则的基础上,顺利地完成教学任务,并且在场地和器材条件均允许的情况下,尽可能多地组织和开展一些具有趣味性和丰富性的活动,从而在赋予教师教授自主权的同时,给予学生一定的选择权。

随着体育事业的发展,在未来的俱乐部教学活动中,体育教学内容应当从"以运动技术为核心"转向"以体育方法、体育动机和体育经验为核心",并构建一个以人为本的全新教学内容体系,它不仅可以提升和培养学生的体育意识、能力和习惯,还可以发展他们的个性,通过多种教学方法与手段,使不同水平层次的学生都能够获得良好的身体素质和心理素质。针对社会进步、学生的个体需求以及学校的教学环境,其详细的教学内容会进行相应的调整,这包括将竞技运动纳入教材,优化非竞技运动项目等。同时,应结合当前国家提出的全民健身活动计划以及学校教育改革,适当增加适合于青少年身心特点的体育项目。学校应为学生提供更多元化的选择,可以挑选学生感兴趣、有助于他们未来自我锻炼、对提高体质具有实用性的简单运动项目,如长拳、篮球等。此外,在课外活动中,除了提供与课堂教学相关的运动项目之外,还能够专门开设定向越野、野外生存训练等与休闲娱乐相关的运动项目,将其作为课堂体育的进一步拓展。要重视校园文化氛围的营造,使之成为培养学生体育锻炼习惯、增强其体质、促进身心和谐发展的良好场所。同时,适当增加民族传统体育项目在总项目中的比重,增加学校传统体育的占比,这样不仅有助于提升学生在体育文化方面的综合素养,还能够传承、推广与弘扬中华民族的优秀传统文化。

(5)教学组织形式

教学组织形式弹性化主要是因为它可以按照学生的能力和差异来设计体育教学内容。它不仅有利于激发学生对体育课的兴趣和热情,有利于促进体育教师自身素质的提高,同时也有助于培养出具有创新能力和实践能力的人才。通过合理地运用教学组织方式,可以使教学品质和质量得到较大提升,同时也有助于培养学生的个性发展。

①打破年级班组问题

学术界在体育教学俱乐部的课堂教学组织形式的观点上存在诸多分歧,多数专家更偏向按年级进行授课,认为通过采用此种教学方法与手段,使不同水平层次的学生都能够获得良好的身体素质和心理素质。各个年级的学生在身体和心理上存在明显的差异,当教师试图打破年级班组的教学模式,无论是安排教学内容,还是实际应用教学方法,均可能会遇到挑战。由于教师的专业能力与有限的授课时间,他们无法为每一位学生提供全面的指导,这可能会对教学质量和效果造成不同程度的影响,所以一般情况下体育课上多采用班级授课制。对于体育教师来说,要根据学生的年龄特点因材施教,使每一位学生得到充分发展。事实上,不按照年级进行教学具有诸多优势,原因是学生在身体、心理和知识吸收能力上存在差异,学习能力较强的高年级学生自然能够起到示范作用,这样不仅能够很好地帮助低年级的学生,还有助于教师更好地培养一大批优秀的体育骨干。同时,低年级的学生为了缩小他们之间的差异,也会通过有效的手段和方式致力于提升自己的能力与素质,从而营造一个相互支持和学习的良好学习环境和氛围。

②男女生合分班问题

学术界在男女学生是否应该合班或分班上课的议题上,仍存在不同的观点。男生和女生合班或分班有优点也有缺点,但从社会学的层面来看,合班的优点远大于缺点,这也让体育教学更具人性化。各种运动项目都有其独特之处,其中体育舞蹈、野外生存等项目非常适合男女混合上课,通过男女学生之间的互动交流,将他们的主观积极性进一步激发和调动起来,同时再结合教师的精心组织和安排,可以使教学效果得到十分明显的提升。而对于球类、田径等需要考虑到性别和体质差异的项目，则应当实施男女分班的教学模式。因此，在选择合班教学还是分班教学的问题上，应依据各个高校的具体状况以及不同运动项目的特性来进行决策。

③分层教学问题

学生在遗传因素、家庭环境等多种因素的深入影响下，在成长的过程中会展现出各种生理、心理层面的差异。分层教学的主要目的是科学指导学生挑选与其个性相匹配的合适课程，进而在体育教学中实施因材施教的策略，从而使课程的实际效果得到较大幅度的提升。分层教学的定义是，基于学生的认知与掌握能力，教师在设计课堂教学内容以及采用教学方法、模式的过程中，充分按照学生的实际学习潜力进行分层授课、分层指导和分层评价，确保每一位学生在原有基础上都可以得到进一步的提升与完善。实施分层教学要从了解学生出发，对不同类型的学生采取不同的教学策略，这种方式有助于学生在不同的层面上追求进步，让每一位学生均可以在已有的基础之上，最大限度地挖掘自己的潜力，从而实现最大程度的成长与发展。

高校体育教学俱乐部在采用分层教学模式的时候，应按照自身的具体状况来实施。这种教学方式是在教师指导下对学生进行有针对性的分类辅导，具体的操作步骤可以按照这样的模式来执行：各个教学俱乐部的课程被划分为高级班、中级班和初级班这三个不同的级别。其中，高级班无论是目标设定还是标准都非常高和严格，课程内容更加丰富，同时学习也比较快，主要是为具备一定的体育实践技能与良好身体状况的学生设计的。中级班的目标和课程内容设置得当，这个级别主要是为具备一定体育知识和较高身体素质的学生设计的。初级班相较于高级班进度稍慢，更加注重基础知识和反馈，主要是为体育基础薄弱的学生设计的。每一个教学级别都配备了对应的教学大纲、标准以及教师独特的课堂教学方法，为了保证教学质量，应把重点放在培养学生自学能力、掌握基本技术动作及基本技能上，同时还应注重对他们进行思想品德教育，使之成为德智体全面发展的人才。在制定教学内容的过程中，应充分按照不同层次学生的实际运动水平需求，来设计相应层次的教学目标和教学要求，这既有利于促进每个层次间形成合理又有效的衔接，也能保证整个教学计划的顺利实施。在实际操作中，可以考虑实施升降级制度，若学生在这个级别已经达到了教学要求，他们可以随时前往高一级别的俱乐部学习；若学生觉得在这个级别的学习难度特别大，他们则可以到下一级别学习。这样一来，教师在组织和开展教学活动的过程当中，就能够根据教学内容与教学要求进行科学、合理的区分，以更好地引导与激励学生在原有水平上取得更大的进步和发展。

（6）评价体系

在体育教学改革中，教师应该根据学生对体育技能掌握的程度及个人特点制定相应的考核指标。所以，为了有效克服传统课程评价标准存在的问题，需要根据不同地区、学校和评价对象的具体情况设定不同的发展目标与评价标准。这样可以使课程评价标准更加灵活、具有弹性化的同时，成绩考评标准更加全面，一方面可以客观准确地将学生的个体差异淋漓尽致地反映出来，另一方面也能将学生在体育课学习中取得的进步更加公正、客观地展现出来。

在俱乐部的教学评价标准中，可以融合绝对评价指标与弹性评价指标的评分方式。在对学习效果进行绝对评价的过程中，需要确保评价标准是相对客观的，并且可以将学习效果和这些客观标准之间的差异、距离真实地展现出来。弹性评价指标是基于考试的内容要求和标准，严格按照学生之间的个体差异，对某个项目的起点等因素进行成绩进步幅度的一系列有效评价。

在对俱乐部教学进行评价的方式中，应当高度重视已有的基础知识和学习流程，并灵活运用多角度的评价，对不同层次的评价对象应采取不同的考核方式。通过构建融合标准评价模式与参考评价模式的评价指标体系，进行多维度的综合性评价，可以更好地反映和展现学生在体育学习过程中的表现与成果。教师在确保学生全面掌握基础的运动技巧后，还应适当提高他们的出勤率、学习态度、自评等，同时还应设置一定数量的专项素质训练项目，以满足不同层次的需求。各高校要按照自身的实际发展状况，对各项指标的占比进行灵活的调整。对于在高级俱乐部接受教育的学生而言，他们的表现从某种程度来说相当于学校的代表队，因此可以考虑使用"以赛代教"的考核模式。例如，采用参与俱乐部联赛的方式考核，将其评分标准定为俱乐部联赛总成绩的一半，这样不仅可以使考核更加公平、公正，也有利于对教学过程进行检查与改进。同时，鉴于评价是基于比赛模式进行的，因此在实践环节应该将技术考核省略，转而采用学生自评、学生互评各占20%以及教师评价占30%的综合评价体系。

4. 弹性体育教学俱乐部模式具体运作方式

（1）弹性体育教学俱乐部模式的教学与辅导

①项目设置

在设计体育课程项目时，应充分考虑学生的身心发展特点，对教学课程内容的多元性、灵活性与弹性化进行重点强调，扩大教材选择的空间，并借助有效、灵活的手段和方式不断加强体育教学内容与社会及日常生活之间的结合。在体育教学中，应当强调体育课程内容的地域性和民族特色，确保在教学内容中具有地方性与民族性的体育项目占据适当的比例。根据学校教育教学实际情况，可将不同运动类型的内容划分为若干个模块，项目的设置需要按照学生对体育锻炼的实际需求来进行，以确保与学生未来的职业生涯紧密相连，从而跟随时代发展的步伐，与社会进步要求相适应。在构建体系的过程中，应该从健身、娱乐休闲等层面出发，优先选择简单、容易实施、富有趣味性并将健康和娱乐休闲完美结合的运动项目。高校体育教学目标主要是培养合格的人才，为社会主义建设服务，因此，必须加强素质教育，大学体育理论课程的设置需要符合大学生的心理特性、知识体系等，与其保持一致，重点向学生传授体育心理、人体保健等方面的内容。学校可以开设选修课或必修课，也可结合课外体育训练组织专题讲座或竞赛。对于项目设置而言，各个普通高校应该按照自身的教师资源以及场地设备的实际需求来做出灵活并且具有弹性的合理安排和规划。

②理论课上课形式

应当对体育理论的教育给予高度重视，特别是强调体育科学知识对学生终身受益的重要性，同时也要培养和提升他们的体育锻炼意识，确保理论知识与实际操作紧密结合。可以专门开设与特定项目有关的专题讲座；加强体育教师的业务进修，提高他们运用体育理论知识解决实际问题的水平；在学校的体育网站上开辟体育理论教学的专栏，对现代化的教学工具进行充分利用，以真正实现体育网络教学的目标。网站为学生提供了各种运动项目的技术和战术视频，同时上传一些高质量的比赛视频，这有助于学生按照自己的兴趣与实际需求自主选择观看的内容，从而培养他们在体育方面的审美与欣赏能力。针对大学生不同年龄层次的特点，采取多种教学方法，使之既掌握基本技术动作，又能较全面地提高身体素质。除此之外，强调提升学生的自主学习能力，鼓励他们通过翻阅各种资料展开自我学习。通过培养学生对体育锻炼的热情和浓厚兴趣，鼓励他们主动参与各种类型的体育活动，从而提升他们的学习效果。

（2）弹性化课外体育锻炼管理

①课外体育活动开展方式

作为课堂教学的延伸，体育俱乐部如果真正想要使体育教学的质量以及学生的身体素质得到有效提升，应当充分按照体育课内外结合的相关原则，有序组织课外体育活动，开设与课内体育教学俱乐部相对应的各单项体育俱乐部。体育俱乐部的教练职位必须由全职体育教师担任，除了常规的课外教学活动之外，还需要为课外俱乐部提供额外的弹性辅导。

②课外体育锻炼课程的内容

课外体育锻炼的内容涵盖三个部分，分别是自主性锻炼、单项俱乐部和体育竞赛。其中，学生在自主性锻炼中有很大的选择余地，他们可以按照自己的实际发展情况，对课外体育活动的时间和内容进行自主决定和灵活调整。各个单项俱乐部实际上是体育课堂内容的进一步扩展和延伸，学生可以根据在课堂上选择的项目，在课后选择相应的俱乐部来实现。体育竞赛能够在不同的时间段内有序组织和开展各式各样的体育竞赛活动。

第四节 高校体育多媒体网络教学模式的应用与创新

一、高校体育教学中多媒体技术的应用

（一）多媒体教学技术的特征

1. 多维性

多媒体教学技术的多维性特征主要指的是多媒体教学技术所拥有的对信息范围进行处理的扩展与扩大空间的能力，而此种多维性职能能够变换、加工、创作输入的信息，使其输出信息的表现能力得到增强、显示效果得到丰富。例如，在高校体育教学开展的过程中，利用多媒体系统进行辅助教学，不仅能够保证学生对文本知识的学习，还能使其在多媒体技术的支持下清楚地观察、了解体育教师的动作演示，使教学效果得到加强。

2. 集成性

多媒体教学技术的集成性特征主要指的是多媒体技术能将不同类别的多种媒体信息有机地进行同步组合，如声音、文字、图像等，进而促进多媒体信息的完整。此外，集成性还存在另外一层含义，指的是对多媒体信息进行处理的工具或者设备的集成，包含视频设备、储存系统、音响设备、计算机系统等，总而言之，指的是在多种设备上将多种媒体紧密地进行关联，使文字、声音、图片与视频的处理实现一体化。

3. 交互性

多媒体教学技术的交互性特征主要指的是人和人之间、人和机器之间、机器和机器之间的交互活动，是人和机器进行对话的能力，即使用者同机器之间进行沟通的能力。这也是多媒体计算机系统不同于传统音箱、电视机等家电设备的地方。根据实际的需要，人们不仅能够选择、控制、检索多媒体系统，还能播放多媒体信息与组织编排多媒体节目。

4. 数字化

多媒体教学技术的数字化特征主要指的是在多媒体计算机系统中，各种各样的媒体信息都是以数字的形式在计算机中存放与处理。多媒体技术是在数字化处理的前提下被建立的，例如，以矢量方式储存与处理的图形、以点阵方式储存与处理的图像、以数字编码方式储存与处理的音频和视频。在数字化技术发展的背景下，多媒体教学技术得到了广泛的传播与发展。

除了上述四种主要特征，多媒体教学技术还有其他一些特征，如实时性、分布性、综合性等。实时性特征主要指的是对于同时间相关的声音与视频信号等的处理，还有人机的交互显示、操作与检索等都存在实时完成的要求。分布性特征主要指的是基于多媒体数据多样性的存在，在不同的时间与空间都会存在它的素材，并且在不同的领域中，它也得到了广泛应用。多媒体计算机系统还存在比较明显的综合性，综合性指的是它不仅能综合集成各种媒体设备，同时还能综合集成各种信息，使它们成为整体。

（二）多媒体在高校体育教学中的应用优势

1. 高校体育教学观念得到更新

体育教师授课时，可以利用现代化的多媒体教学手段和人机交互活动与学生开展交流活动，使学生的体育参与意识得到激发，将体育多媒体教学的教学思想进行展现，形成以学生的"学"为中心的教学观念。这能够极大地促进高校体育教学方法的实践性与多样性变革，从而改变学生关于体育知识与体育技能的学习思路与方式。

2. 高校体育教学的质量得到提高

在传统的体育理论课程中，教师采用的教学方法是以讲授为核心，辅以图片等展示方式。体育教师的正确讲解和详细示范在实践课程中是必要的。然而，在受到主观和客观条件限制的情况下，想要实现完全规范和标准的技术动作示范是相当困难的。学生在相对较短的时间里也很难建立起正确的动作观念，因此这种教学方式的效果是显而易见的。另外，由于体育课时有限，无法完成更多复杂技术动作的教授，不利于培养学生自主学习的能力。新媒体技术的应用改变了之前的尴尬情况，通过声音、文字和图像的基础性辅助，体育课程中的抽象概念变得更加具体和形象，并且借助先进的计算机技术还可以对高难度的体育技术动作进行模拟和演示。对于一些复杂且具有一定危险性的动作，可以通过视频直观地展示出来，有效地提升教学质量和水平。在解释和展示速度快且结构复杂的技术动作时，所获得的成果会变得尤为突出。教师在教学中，可以运用多媒体课件以及视频等方式，向学生展示各种典型或复杂的技术动作。得益于多媒体技术的辅助，学生可以通过视频中的慢动作清晰地感知这些动作，有助于体育概念的形成和建立，以及动作技巧要领的全面掌握。多媒体技术还为他们提供了模仿和尝试的重要机会，从而极大地提高了高校体育教学的效率。

3. 学生的体育学习效果得到提高

人们的视觉、听觉等多个感官系统在多媒体技术的影响下得到极大的刺激，进一步促进了大脑各个功能区的交互活动，这不仅加强了体育学习内容的生动性和形象化，还使高校体育教学活动的趣味性和直观性得到有效增强，使学生在学习中更容易理解和掌握体育技术动作。同时，不仅能有效提升课堂教学质量和效率，还可以为学生营造一个轻松愉悦的氛围。多媒体技术综合运用了字体、色彩等多种表现方式，实现了"声图并茂""生动多彩""有声有色"的教学效果，从而增强了高校体育教学内容的艺术表现力和强烈感染力，活跃了课堂气氛。在普通高校体育教学过程中运用多媒体技术，可以创设一个图文并茂、声像俱佳、动静皆宜的信息传输环境，为教师教学提供形象直观的表达工具，从而减轻体育教师的工作强度。尤其是多媒体教学资料中对肢体和谐美、力量美和技艺美的体现，让学生在潜移默化中逐渐认识和意识到体育的功效和个性社会价值的重要性，激发他们的求知欲，增强体育学习的强烈热情和浓厚兴趣，从而有效地提高体育课堂教学的质量。

二、高校体育教学中微课的应用

（一）微课概述

1. 微课的概念

微课是指通过视频形式来展示教师在课堂内外进行教学活动时，所教授的各个教学环节或强调的关键知识和难点，是一种创新型的教学模式。作为一种新的教学模式，微课可以让学生在任何时间、任何地点进行碎片化的学习。在课堂上使用微课时，可以通过不同类型的范例来引导学生对教学内容进行学习，从而帮助他们更好地掌握知识点。

2. 微课的组成

示例片段是微课的核心内容，也就是课堂教学视频。除此之外，还存在与特定教学主题相匹配的辅助教学资源，包括但不限于教学素材、练习测试等。在一定的呈现方式和组织关系下，它们共同营造了资源单元应用的"小环境"。而这里所说的资源单元是主题式的半结构化单元，因此，微课同传统单一资源类型的教学资源之间是有一定差异的，主要表现在教学设计、教学课例、教学课件与教学反思等方面。同时，微课与上述的这些教学资源之间也存在一定的联系，即微课作为一种新型的教学资源，其发展基础仍是上述的这些教学资源。

3. 微课的特点

（1）碎片化

微课视频时长一般只有 10 分钟左右，在这 10 分钟内，教师将课程教学过程通过清晰的视频录制的方式进行呈现。一节传统课堂的教学时间是 45 分钟，而原有的段状课程在微课的形式下，逐渐向点状课程转变，课程内容变得更加精练和细致，因此，学生除了课堂的教学时间以外，还可以利用课外其他零散时间，如在排队等待就餐的时候进行学习。所以，微课的显著特点之一就是碎片化。

（2）重点突出

由于微课具有一定的碎片化特性，因此对于教师而言，对其在教学方面的能力也提出了更为严格的标准和要求。为了满足这一需求，教师需要从多方面着手，提高自身的专业素养，提升课堂效率和质量。在微课视频的10分钟展示时间里，教师既需要展现其严格的逻辑思维，又需要突出课程教学的核心内容和亮点，唯有如此才可以真正抓住学习的重点，并进一步激发学生的学习热情和兴趣。

（3）较强的师生交互性

微课作为一种创新的教育形式，不仅满足了学生对知识的渴求和好奇心，同时也有效地将传统教学模式中教学内容单方面输出的问题顺利解决。微课具有针对性强、内容精练等特点，将其应用于课堂当中能够帮助教师实现高效课堂教学目标，并促进师生交流和教学相长。在微课的教学模式下，师生的互动关系得到了加强，教师除了能够对学生课程学习的兴趣点进行及时捕捉之外，同时对于学生存在的疑问，也能够及时进行回答，这无疑会为教师后期课程的设计提供便利条件，使其同学生的学习与反馈实现同步，进一步提升课程的教学效果。

（4）教学资源能够反复多次使用

在微课的模式下，学生能够按照自身的实际需要，随时随地展开体育学习活动，改善学习效果。例如，在课程开始之前，学生可以通过微课来预习运动技能，课后则可以巩固难点和重点、练习课上学习的动作等。此外，微课教学模式的使用还可以使学生课程学习的积极性得到增强。

（二）微课在高校体育教学中的应用

1. 应用在学生体育需求调研中

教师在开始制作体育微课之前，首先，需要根据课程的逻辑结构，明确体育教学内容中的难点和重点，并且与当前的体育专栏和热门体育新闻相结合，进行微课的合理设计和科学制作。其次，利用移动互联网的多种方式，使微课在学校内进行广泛传播。最后，通过观察微课上学生的点击和评论，对体育课程内容的合理性进行评定，确保更深入地了解学生的兴趣和期望。教师也可根据学生反馈来调整体育微课的时长，从而更为高效地实现教学目标。在前期阶段传播和推广体育微课，可以极大地激发学生对体育学习的热情，让他们对即将接触的新内容充满期待。

2. 应用在体育课程设计中

体育微课不仅补充了传统的高校体育教学模式，使得原本的体育课程设计得到了重新定义，同时其也是多媒体时代高校体育教学发展的必然结果。例如在设计室内理论课的时候，可以以教师和学生的交流为主，呈现出更加公平、更加自由的体育课程，并进一步更新体育教师的教学思维，使学生体育学习的热情得到提升。

3. 应用在体育课程教学中

体育教师应当有能力按照最新的课程内容以及当前的体育热点话题，以一种巧妙的方式将创新的课程内容引入微课中，让学生在课堂上欣赏和观看，这样做的主要目的是吸引学生的注意力，并激发他们对学习的热情和浓厚兴趣。当体育教师在教学过程中涉及复杂动作的时候，应该将这些动作转化为微课，并在课堂上多次循环播放，以便让体育教学过程变得更为生动、直观、形象和具体。

4. 应用在体育课后辅导中

在传统的体育课堂中，教学时长通常为45分钟，尽管这样的时间可以让教师全面地传授课程内容，但要达到细致入微的教学效果是存在一定困难的。可能会出现一些学生无法与教学节奏保持一致，或者他们无法完全掌握所学的运动技巧的诸多情况。因此，在体育课堂教学完毕，教师应该向学生分发包含教学重点的微课视频，这样学生可以在课堂结束后多次练习已经学到的技术动作，复习课堂上已经掌握的教学内容，从而使学习效果得到进一步提升。

5. 应用在体育课程分享中

就本质而言，分享实际上也是一种有效的学习方法。学生将高质量的视频教程分享在朋友圈中，以此来感染和影响他们周围的朋友和同学，有助于扩大他们的学习范围。这样不仅会让自己更加喜欢体育这门学科，还能促进与其他同学之间的互动交流，进而增强自身的团队意识。因此，学校应当努力创建一个鼓励分享的体育学习共同体，同时借助有效的手段和方法确保共同体内的成员之间相互监督，分享对体育学习有益的信息。例如，在体育舞蹈的教学过程中引入微课，学生能够分享他们已经掌握并对体育舞蹈产生浓厚兴趣的课程内容，让更多对体育舞蹈充满热情、有兴趣的学生，有机会及时获取学习资源。通过微课的传播和推广，也会促使学生对自己所掌握知识的了解更加透彻。

三、高校体育教学中慕课的应用

（一）慕课概述

1. 慕课的概念

慕课是一种通过某一个共同的主题或者话题，将分布在世界各地的学习者与授课者联系在一起的教学模式。

慕课大多以话题研讨的方式进行，并且只会将一种大体的时间表提供给授课者与学习者。一般来讲，慕课不会对学习者有特殊的要求，进行说明的内容也比较简单。

2. 慕课的特点

（1）规模比较大

规模比较大指的是慕课多是大规模课程，而不是以个人名义发布的一两门课程。

（2）课程开放

课程开放是指慕课开设的课程对上课的时间、地点和学生没有要求，只要学生具备网络和终端设备、遵守授课协议即可在线学习。

（3）课程都是基于网络的

慕课相关的课程都是在互联网上传播的，不管学生处在什么地方，也不需要花费太多的金钱，只要有网络连接与终端设备，就能够进行学习。

（二）慕课在高校体育教学中的应用

1. 高校体育教学中慕课的应用价值分析

慕课自引入我国以来，如今已经具备了一定的发展规模，有许多的学校开始探索和应用，然而，慕课在高校体育教学方面的应用仍较少。实际上，慕课的教学方式在高校体育教学方面是非常适用的。

首先，现代发达的网络使得慕课的应用拥有很好的现实基础。人们在浏览网络信息的同时还能进行学习，一举多得。

其次，在高校体育教学中应用慕课的教学方式，不仅能够保证学生深入学习活动的开展，还有利于学生自己掌握学习进度。同时，由于慕课中存在的学习资源是非常丰富的，有利于学生寻找到适宜自己的运动方式。

最后，在高校体育教学中应用慕课的方式，可以让学生在体育运动锻炼的过程中参考标准的动作完成体育锻炼。在这样的情况下，就像有一个专业的私人教练陪在自己身边，可以随时对体育锻炼活动进行正确的指导。

2.慕课应用在高校体育教学中的未来发展

慕课的教学方式来源于国外，在我国仍处于起步阶段，而且有一些内容对于我国高校而言是不适用的，必须进行一定时间的磨合才能够同我国的教学理念相适应。

基于这样的现实情况，我国大部分高校多是按照自己学校的特点自行录制慕课视频。在录制慕课视频的时候，可以是多个学校的教师共同参与录制、讨论，然后在对多个优秀的视频进行选择后，上传到网上，方便学生们进行观看、下载和学习。由于不同的教师在讲课的风格与方式上会存在不同，而录制的慕课中包含多个教师的教学课程，那么学生就能够选择最适合自己的教师。此外，这种方式可以避免大课参与人数过多而无法集中精力听课的情况。将慕课应用在高校体育教学中，能够使小班教学的目的得以实现。同时，同一学科由多个教师进行录制，能够促使比较与竞争的形成，帮助教师对于自己的教学缺点进行更加仔细的观察，使高校体育教学质量得到提高。慕课在高校体育教学中的应用以网上教学为主，因此，要求学生拥有较强的自主学习能力。在高校体育教学考核的问题上，计算机考核的方式可以不再使用，在体育教师组织学生开展网络学习以后，再安排传统方式的考试即可。

尽管我国对于慕课的应用还处于发展阶段，但在现代网络发展的背景下，慕课的应用将是一种必然趋势。将慕课应用在高校体育教学中，能够给教师未来教学的开展带来一定的启示。但需要注意的是，在使用慕课方式开展高校体育教学的时候，应该同国内的高校体育教学情况相结合。

四、高校体育教学中翻转课堂的应用

（一）翻转课堂概述

1.翻转课堂的概念

"翻转课堂"一词来源于英文词汇"Inverted Classroom"或"Flipped Classroom"，通常是指重新调整教学课堂内外时间的教学模式，从本质上来讲，就是学习的决定权不再属于教师，而是由学生掌握学习的主动权。

在翻转课堂教学模式的应用过程中，学生能够在课堂有限的时间内更专注地开展学习活动，教师也不会再耗费大部分的课堂时间去讲授信息。但是在课堂教学结束以后，学生需要自主地完成这些信息的学习，他们可以利用的方法有听播客、看视频讲座、阅读电子书，或者是通过网络同其他同学互相讨论。

综上所述，在翻转课堂教学模式下，不管什么时候，学生都能够对自己所需的材料进行查阅。教师同每一个学生进行交流的时间也会增多。当课堂教学结束以后，学生能够自主地对学习节奏、学习内容、学习风格与知识呈现的方式进行规划。

2. 翻转课堂的特点

（1）教学视频的短小精悍

翻转课堂中的大部分视频只有几分钟的时间，而且每一个视频的针对性比较强，可以方便学习查找和检索。这类视频的时长正好落在学生的注意力高度集中的时段内，这与学生的身体和心理成长特点是相匹配的。网络上发布的视频具备回放、暂停等功能，为学生提供了自主控制的机会，确保他们的独立自主学习能够顺畅地进行。

（2）重新构建学习流程

学生的学习过程一般会有两个阶段，即传递信息和内化吸收。传递信息的实现需要教师与学生之间的互动、学生与学生之间的互动，内化吸收则需要学生在课堂教学结束以后自己完成。学生在自己完成的过程中，因为缺少教师的支持与同学的帮助，经常会产生挫败感，这会使他们丧失学习的动机与成就感，而翻转课堂的教学模式使学生的学习过程得到重新构建。

在翻转课堂教学模式下，第一阶段的传递信息是在课堂教学开始之前由学生完成的，而教师在提供视频的同时，也提供了在线辅导；第二阶段的内化吸收是在课堂教学开展的过程中由互动来实现的。对于学生存在的学习困惑与困难，教师应该提前进行了解，同时在课堂教学过程中对学生进行有效的指导，而学生与学生之间的互相交流活动，对于学生内化吸收知识的整个过程也能够起到一定的促进作用。

（3）复习检测的快捷方便

当学生观看完教学视频以后，就会看到视频结尾处出现的几个小问题（通常是4个或5个），这些问题能够帮助学生及时检验自己的学习情况，同时根据自身的学习情况作出合适的判断。如果对于这几个问题，学生的答案不是很理想，那么学生就应该回放一遍教学视频，仔细思考出现问题的原因。同时，教师应通过云平台，将学生回答问题的实际情况及时地进行汇总、分析与处理，以更加客观、全面地了解学生的学习情况。教学视频的另一个明显优势，就是能够在经过一段时间的学习以后，方便学生对学习到的知识进行复习与巩固。

（二）体育翻转课堂的实施策略

1. 做好在线虚拟教学平台的建设

为翻转课堂的成功实施提供必要的前置条件和基础支持是构建在线虚拟教学平台的核心宗旨。该平台主要涵盖了教学内容的上传、在线评估与测试等多个模块。该平台以"教师—学生"模式为主线，将传统课堂教学内容与互联网技术结合起来，让师生在网络平台上互动讨论，共同探究新知识，提高教学质量。体育教师可以通过这个平台上传与体育教学相关的教学材料，还能利用这个平台发布作业、在线测试等；学生不仅能够在平台下载学习资料或在线学习，还能够与体育老师进行即时的沟通。

2. 注重评价机制的创新

在翻转课堂的教学模式中，高校体育教学的评估不应仅局限于传统的书面测试，评价的内容、主体等方面均应该与传统教学有所区别，如若不然，翻转课堂的执行可能仅是"走过场"。随着信息技术的发展和互联网的普及，传统的课堂教学模式发生了巨大变革，以计算机为代表的现代信息技术在体育课程中得到广泛应用。在翻转课堂的教学模式中，高校体育教学的评价需要将"以评促学"和"以评促教"作为核心目标，同时以学生的发展水平作为主要的评价指标，注重对多样化评价方法的灵活运用，唯有如此，评价才可以更具针对性和全面性。因此，要实现对翻转课堂教学模式下高校体育教学质量的有效评价，就要构建以学生为中心的多元评价体系。多元化的评价方式主要体现在评价的主体、内容等多个方面，其核心目标是同时促进学生的学习和教师的教学，评价的最终目标是使教学的实际效果得到较大幅度提升。

3. 注重提高体育教师的综合素养

不管是哪种形式的教育和教学改革，教师一直是决定改革成功与否的关键和核心。体育学科由于其特殊性，更需要运用现代教育技术来提高课堂教学效率、优化教学效果。翻转课堂作为信息化社会的产物之一，除了代表一种前沿和先进的教育理念之外，也是一种创新的教学策略和方法，同时还对体育教师在综合方面的素质提出了更高的标准和要求。体育教师一方面是在线虚拟教学平台的构建者、设计者、使用者和教学视频的开发者、上传者；另一方面是学生学习和实践的策划者、指导者与学习成果评价的评价者，更是监控和督导学生在线学习状况的人。因此，在高校体育教学改革不断深化的大背景下，尽管体育教师积极主动参与高校体育教学的改革，但仍然需要仔细地审视和考虑翻转课堂教学模式的局限性和优点，特别是要在教学过程中尽可能地避免因偏离翻转课堂的核心理念过分追求其形式的情况。

（三）翻转课堂在高校体育教学中的应用

1. 高校体育教学中实施翻转课堂的价值探析

（1）翻转课堂使高校体育教学与信息技术的有机结合得到实现

在数字化社会中，学生的日常生活与学习习惯在数字化的影响下，均发生了巨大的转变，利用现代信息技术平台进行学习与相互沟通已经变成了他们的常态。为了快速适应学生行为与习惯的一系列转变，推进教学信息化变得尤为重要。作为现代信息化社会的一种创新形式和产物，翻转课堂成功地将教育和信息技术融为一体，极大地满足了学生的日常学习习惯，从而让学生的学习过程变得更为流畅与有趣。体育教师在教学中利用直观且丰富的教学材料，如视频、三维动画等，专门设置有序的学习导航系统，再加上与学生的在线交流与评价，成功创建了一个有利于学生身心发展的教学环境和氛围。这不仅有效增进了师生之间的情感，更提高了学生的学习兴趣和自主性，也为体育教师有效组织教学活动奠定了基础，对提高高校体育教学的实效性是非常有利的。

（2）翻转课堂有助于实现高校体育教学的精讲多练

学生课中学习和练习的时间总量是一定的，倘若新知识、新技能的学习耗时过多，则学生参与体育活动的时间就会减少，体育课程的健身效果以及学生对知识和技能的掌握与内化会受到直接的影响，因此，采用精讲多练的形式，即深入讲解和大量练习，与体育课堂教学标准是相符合的。在采用翻转课堂的教学模式时，课前，学生通过观看教学视频，对高校体育教学内容有了初步的认知，对体育学习中的难点进行感受，在遇到无法解决的问题时，学生可以通过在线交流平台及时反映给体育教师，这种方式可以帮助教师更好地了解学生在课前的学习状况，便于及时地总结归纳出每个阶段的教学过程中学生存在的主要问题和不足，并针对这些问题提出相应的对策。课中，体育老师会根据学生提出的疑问，进行有针对性的讲解或一对一的指导，这样就省去了很多讲解的时间，学生在课中进行体育实践的时间就会延长，精讲多练的目的自然就达到了。

（3）翻转课堂使高校体育教学要素的优化组合得到实现

从高校体育教学要素的层面上来讲，翻转课堂同传统的高校体育教学模式之间存在的区别并不是很明显。对于翻转课堂而言，它主要是利用科学合理地重构高校体育教学要素来使高校体育教学的效能实现增值。之所以将翻转课堂判定为一种创新性的高校体育教学方式，主要是由于此种教学模式在对高校体育教学要素的各种功能进行准确定位的情况下，体育教师与学生的主体性地位得到了转换，体育课程的资源得到拓展，促进了高校体育教学目的、高校体育教学方法与反馈机制的合理调整，对学生体育学习的良好环境进行创设，进而从质的层面改变高校体育教学的形态与结果。同时，需要注意的是，翻转课堂在组合高校体育教学要素的问题上并不是固定不变的，而是动态的，不是呆板的，而是灵活的。在高校体育教学的实践活动中，按照实际的需要，体育教师对于各教学要素间的组合关系可以随时进行调整，以保证特定高校体育教学目的的实现。

（4）翻转课堂能够促进高校体育教学中素质教育的实施

素质教育的核心目标是全方位地提升学生的综合素质，要想实现这一目标，人的全面发展培养是不可或缺的，并且也应该重视和强调对学生个性的培养。在教学过程中，充分发挥学生的主体作用，使之成为真正意义上的主人。个性的全面发展一方面构成了素质教育实施的核心价值观念和理念，另一方面也是素质教育追求的最终目标，其中培育个性和推动人的全方位成长是素质教育的内涵与真谛。

在翻转课堂教学模式应用的过程中，学生的学习目标是统一的，同时，根据学生的实际情况，体育教师可以制定学生的个体目标。通过对在线高校体育教学视频的观看，可以保证学生自主学习的实现，按照学生的学习能力来确定高校体育教学视频的观看次数，而按照学生的学习基础来由学生自主选择观看的内容；

从反馈问题的层面上来讲，通过在线交流平台，学生能够将学习中的问题随时向教师反映，同时获得教师的及时教导；从学习评价的层面上来讲，体育教师对学生进行评价的根据是学生的进步程度，同时将小组评价和个人评价融入最终的评价结果之中，这种评价模式有助于让学生明确在学习过程中的优点和不足，并时刻感受到自己在不断提高。可见，翻转课堂这种个性化的教学模式对于学生端正学习态度、激发学习兴趣、提高沟通能力、培养正确的价值观、促进全面发展都是有益的。

2.将翻转课堂教学方法引入高校体育教学的全新教学模式

常说的高校体育教学模式主要是指在一定高校体育教学理念、高校体育教学思想的引导与高校体育教学理论的指导下，建立的各种高校体育教学活动的基本框架或者基本结构。一般来讲，高校体育教学模式包含多种要素，有高校体育教学的理论依据、高校体育教学的目标与原则、高校体育教学程序与学习程序、高校体育教学的教学资源与实现条件、高校体育教学效果与评价等。将翻转课堂教学方法引入高校体育教学的全新教学模式具体包含以下几个方面的内容：

（1）高校体育教学的理论依据

高校体育教学中应用翻转课堂的教学模式主要的思想基础是"先学后教"，对于高校体育教学活动中学生的教学参与和学生的主体性进行强调。从高校体育教学的特征与行为心理学原理出发，对高校体育教学的程序进行确定，具体是"视频学习—联系、吸收与理解—视频回顾—互动反馈—强化实践—学习、掌握"，并且在这样循环反复的高校体育教学过程中，对于行为目标进行有效塑造；同时，按照学习的过程与教学的实际效果，以及学习主体对体育"教"与"学"的活动过程进行不断的完善与创新，促进预期高校体育教学目标与学习目标的实现。

（2）高校体育教学的目标与原则

为了保证高校体育教学目标的顺利实现，对于将翻转课堂教学方法引入高校体育教学的全新教学模式而言，其教学原则应该是体育教师遵照学生的认知水平与心理发展特征，加工整理高校体育教学内容，将高校体育教学设计、制作得通俗易懂，同时紧密地联系学生现有的认知结构，选择优质的适宜高校体育教学的视频。高校体育教学应构建一个宽松的、民主的、轻松的交互式学习社区或网络教学平台，及时地掌握学习反馈信息，并能够有效地发现问题、解决问题；在对总体学习情况进行把握的条件下，对于个体学习发展的过程给予重视，充分发挥高校体育教学过程与学习过程中学生的主体性作用，尽可能地使学生自己发展，自己分析与解决存在的问题，同时对于自我认识、能力与技能进行深化、拓展。

（3）高校体育教学程序与学习程序

将翻转课堂教学方法引入高校体育教学的全新教学模式，其主要基础是优质的交互学习社区与视频资源。因此，可以将高校体育教学程序与学习程序进行如下设计：预习高校体育教学内容——有针对性地观看高校体育教学视频，再进行示范、讲解——激发学生的学习动机，发现学习过程中存在的问题——在课堂教学中由教师讲授新课，解答学生的疑惑，并进行示范——由学生自主进行练习与实践，巩固体育学习效果——对体育学习效果进行反馈，由教师、学生进行评价——通过资源拓展完善知识和技能结构，以及反复练习实践加强对知识的理解，提升训练效果。

（4）高校体育教学的教学资源与实现条件

近年来，慕课教学平台的快速发展与互联网的广泛普及，为翻转课堂高校体育教学模式的实施创造了良好的条件。然而，对于现代高校体育教学来讲，我国的高校体育教学相关视频与学习资料还是相对较少的，所以，我国的体育教师应该从体育课程与教学内容出发，自行制作与设计高校体育教学资源。对于高校体育教学内容而言，应集中于理论教学内容与动作讲解、演示的视频，以保证体育练习活动的可理解性与课余训练活动的实践性。此外，体育教师在组织学生观看教学视频、开展练习活动和训练活动的同时，还要保证在交互社区能够对学生的疑惑及时地进行解答与指导。

（5）高校体育教学效果与评价

将翻转课堂教学方法引入高校体育教学能够使学生体育学习的兴趣得到激发，使学生自主学习、探索、分析解决问题的综合能力得到培养，同时促进学生技术和技能的提升，还能够有效促进学生社会发展适应能力、互相合作能力的发展与培养。体育教师应该通过交流与活动对学生的学习情况和进度进行实时了解，还要对反馈信息进行及时掌握；同时再从所获得的情况出发，适当地进行引导，充分调动并鼓励学生的学习积极性，在高校体育教学与讲解活动开展的过程中，针对不同的学生因材施教。将翻转课堂应用在高校体育教学中的相关活动适宜于小班教学，而在大班教学中较难实施。对于学生的评价而言，需要注意的是，它同其他文化课程是不同的，在对其学习好坏进行衡量的时候，不能单纯地将考试成绩作为标准。在高校体育教学中，应该始终坚持"健康第一"的指导思想，同时要在体育考试的各个环节中体现"健康"的标准，对于标准化的项目应该适当地减少技能考试；有效改进高校体育教学的评价标准，尽可能地避免学生由于害怕考试而出现厌学心理与逆反心理。此外，对于学生应该积极地引导，使他们加强对高校体育教学的相关认识，促进学生体育锻炼良好习惯的养成，并且积极构建同高校体育教学目标相适应的人性化测试方法。

第四章　高校体育教师应具备的基本素养

本章讲述高校体育教师应具备的基本素养，主要从四个方面展开叙述，分别是高校体育教师应具备的知识与技能、高校体育教师应具备的师德、高校体育教师应具备的人文素养、高校体育教师应具备的信息素养。

第一节　高校体育教师应具备的知识与技能

一、高校体育教师的知识

（一）体育教师的基础知识

知识是人们在社会生活中逐渐积累起来的实践经验以及对事物之间的联系和事物的本质属性的认知。知识可以通过合理的方式间接地进行学习，也可以通过自身实践来直接获得。从知识的特点出发，科学知识观认为知识反映外部客观事实，其"可控性""普遍性""客观性""确定性"是明显的，但后现代知识观揭示了知识情境的不确定性，全面的认知是一个"临时性"理论，科学知识也是如此。表面上看上述两种知识观似乎是相悖的，但是从辩证法的角度来看，这两者之间却是和谐的。分析在历史中形成的认知可知，那些深刻的认知是在不断变化的，具有短暂性和变化性，但是从历史的角度分析这些认知则能得出这样的结论：认知是相对稳定的，知识则是相对确定的，尤其是那些经过无数实践验证过的科学知识更是如此，这反映了知识的双重性质。建构主义知识观的研究揭示了个体知识在心智发展过程中的规律，从个体的建构和形式的意义上来说，知识领域具体反映的规律只是内在因素和外在因素的辩证关系。

体育教师的专业知识是体育教师从事体育教育工作所必须具备的知识。人们对体育教师专业知识的看法与理解也是不同的，且形成了两种不同的知识观。但是有一点可以确认，体育教师专业知识结构是具有相对客观性和确定性的，不会随意发生变化。这类知识可以在教学实践中习得，不过也有一部分知识是需要教师自行领悟和构建的。

体育教师专业知识的历史变迁是一个有趣的研究课题，它可以反映出不同时期的体育教学理念和方法，从中我们也能看出，这类知识是一直在变化的。然而，我们也不能忽视部分体育教师的专业知识经受住了时间的考验，具有相对稳定性。例如，孔子在古代就提出了以学生为中心的启发式教学法，这一思想经过2000多年的传承，仍然是我们今天教育的重要指导原则。因此，我们在研究和分析教师的专业知识时，要站在两种知识观的角度分别进行探索。一方面，知识是相对确定的，我们可以站在某一阶段来分析静态的体育教师专业知识结构；另一方面，知识处于不断更新和发展的状态中，因此对其的研究与探索也受到时代发展的局限。

从 20 世纪 90 年代起，许多国内研究者开始关注体育教师专业知识的构成，研究者从认知心理学的角度出发，视教学活动为一种认知活动，研究者根据功能将教师知识分为以下几类：文化知识、条件性知识、实践性知识、本体性知识。对于体育教师而言，实践性知识有着特殊的意义，体育教师的许多知识来源于自身的实践。不少体育专家、学者都对体育教师实践性知识提出了明确的定义，分析其特征，并阐述它对于体育教师专业发展的意义。

教师的体育专业实践性知识在体育教师职业中有着不可替代的重要意义和作用，是专业体育教师真正成为体育专业人员的核心基础，正因如此，它能够成为体育教师专业发展的建设性工具。加强实践性知识的积累不但有利于充分发挥体育教师专业知识的作用，还能为体育教师的专业发展找到切合实际的目标和方向。

总的来说，我国的体育专业教师实践性知识研究凸显出两个方面的特征：

第一，在体育研究路径上，体育研究者一般将体育专业教师知识分为"体育专业实践性知识"和"体育专业理论性知识"两大类，在此基础之上阐述了体育教师实践性知识的特征及其在体育专业教师教育教学行为中的作用和影响。对体育专业教师知识的这种分类在一定程度上消除了概念的混乱。

第二，我国对体育教师"体育专业实践性知识"的研究从刚开始就与体育教师教育、体育教师专业发展紧密联系在一起。这是我国国内体育教师实践性知识研究的重要特征之一。我国体育教师实践性知识研究有一个显著的特点，即深刻地反映了体育教师在教学实践中所面临的问题和挑战，这一特点贯穿于众多研究著作之中。学者们逐渐意识到专业实践性知识在体育教学中的重要性，并普遍认同它是体育教师专业知识的核心内容。

作为一名体育教师，实践知识也是经验知识，了解体育教学和研究实践中所使用的本体知识和条件知识，形成经验和知识。从体育教师专业发展的角度分析其知识的基础，将长期总结形成的知识体系进行分类和梳理，强调知识在实践过程中进行的更新和创造，就是为了有针对性地培养体育教师的专业知识和技能。我们从关于教师专业知识的研究成果中发现，从某种角度讲，舒尔曼的教师知识分类影响力是最大的，大多数的研究都是在此基础上展开的[①]。此外，研究者大多都是针对现在的体育教师专业知识体系进行分类和梳理，从教学的角度确定其知识基础。

（二）体育教师知识史学论

在原始社会，教育大多是笼统的，没有形成专项教育，因此也没有专门用于教育的场所、工具，更没有专门从事教育工作的人。通常情况下承担对孩子的教育任务的人是老人，老人积累了丰富的生活经验和生产经验，掌握了扎实的生产技术，他们是最合适的教育者。受限于社会发展水平，当时的教育手段十分简单，以语言传达、示范等为主。在这一时期，承担教育任务的人们就通过这些简单的教学方法来启发后代，他们会对子女进行一对一的教导，也会通过示范引导子女模仿。想要成为教师，就要具备丰富的生活经验和知识积累，也就是要成为"知者""智者"，才能成为教师。正如亚里士多德曾经所说，"唯有知者才能教，才能胜任某学科的教学"[②]。这一教学观念至今依然影响着现代教育，甚至很多人认为，当老师的主要标准就是具有丰富的知识。

到了奴隶社会，奴隶主开始兴办学校，体育教学因此有了独立的教学场地。教师由当时的官吏担任，教育的目的是培养能够辅佐统治者的人才。后来私学出现并且不断增加，私学的教育范围十分广泛，在教学实践中人们积累了很多教育经验，形成了较为科学的教育思想，教育的理论知识也得到了发展。因此，体育教育教学知识体系也在不断完善。近代，学校教育繁荣，教学研究的兴起让人们逐渐关注教育的发展并产生了很多理论与著作，如夸美纽斯的《大教学论》。这部著作在西方教学知识论体系中具有十分重要的意义。很多学者对教师应当掌握的教学知识和教师应该如何因材施教等问题进行了深入的研究和探讨。

社会、科学、技术的逐渐发展，学科的细分和学科主要特点的明显差异，推动了分科教学法的研究。目前，对体育专业教师实践性知识的研究仍处于探索中，尤其是国内的研究还存在需要进一步探讨的体育专业内容。

其一，以往对体育专业实践性知识的研究重在探讨体育专业实践性知识的定义、特点、作用，还有一系列体育专业课题的研究，其中包括：专业体育教师的

[①] 吕立杰.教师课程发展理论与实践[M].长春：东北师范大学出版社，2015：61.
[②] 刘捷.专业化：挑战21世纪的教师[M].北京：教育科学出版社，2002：53.

实践性体育知识最终究竟是如何形成和如何发展的？哪些因素影响了专业体育教师实践性知识的生成？各种因素的影响程度如何？

其二，在体育研究方法上，体育教师实践性知识研究多是采用个案法、人类学方法和个人故事叙述法等，研究的是个别体育教师的体育专业教学实践和体育教学知识，由于受体育研究方法所限，它只能总结出个体育教师自身的体育教学实践知识，难以为其他教师所用。如何处理这个体育方面的问题，使我国的体育教师知识研究能够像国外一样为体育专业教师所接纳并对体育专业教师教育发挥指导作用？

其三，对专业体育教师实践性知识的称呼和意义作用的理解存在着交集。比如，有"体育专业教师个人实践理论""体育专业教师的个人知识""体育专业教师个人理论""体育专业教师的实践知识"等提法。这种现象在很大程度上会引起混乱，阻碍研究的进一步进行。

（三）体育教师的知识类型

教师专业的两个特殊属性是"师范性"和"学术性"，这两个属性决定了专业体育教师应该具备多种知识类型。高校体育教师必须经常思考几个问题："教给谁""教什么""怎样教""在什么条件下教"，通过对这些问题进行深入思考，就会获得不同类型的教育教学知识。

1. 学习者知识

专业体育教师教育工作中的必然一环就是认识和研究体育方面的学生，学生和那些没有主观能动性的人并不相同。体育教师应掌握学生所需要的知识，从学生着手，研究学生身心发展的规律。学生在接受学校教育之前只有属于自己个人的生活经验、知识结构和情感等，作为专业的体育教师就应该具备了解学生情绪变化的知识、如何互动的知识、培养正确的世界观和价值观的知识。除此之外，我们还应该注意，作为一名合格的专业体育教师所面对的学生还是"运动主体"，因此，体育教师要特别注重掌握学生在体育运动中身体、心理、情绪、意识等方面不断发展与变化的知识。

2. 体育专业知识

"教什么"是专业体育教师必须掌握的知识，否则就无法开展体育教学活动，没办法完成传授体育知识的任务。首先，专业体育教师需要根据校园体育的总体要求、体育课程教学的目的、学生的需求等对体育学科的各种专业知识进行选择、整理和分析，将知识选择性地教给学生。其次，专业体育教师应该清楚哪些知识是具有"可教性"的，哪些知识是具有"不可教性"的，哪些知识是通过教学方式传授给学生的。

3. 体育专业教育教学知识

体育专业教育教学知识实际上是"如何教"层面的知识，是实践性的体育教学知识，从事体育教育一定要知道它是什么，否则在体育教学实践中会出现事倍功半的情况。专业体育教师个人实践知识的传授过程中首先考虑的是"如何教"的问题，最重要的是要从科学的教育理论和教育价值方面对此问题进行思考与认识。那么，能否出现良好的体育教育效果，重要的是看专业体育教师在正确认识与理解体育专业教育教学知识的基础之上如何运用它。这些知识并不只是凭借理论知识学习获得的，主要还是靠操作实践，通过操作实践去获取个人经验和个人体会。

4. 体育专业教育场景知识

专业体育教师不仅要掌握体育专业教育场景中各种物理知识、动作技术知识、教学方法知识，更应该掌握社会、经济、文化等方面的知识。物理知识能够帮助体育教师运用力学原理深入地分析与讲解技术动作。教学情景往往反映了专业体育教师如何利用环境，如何根据教学需要进行反思。体育教育场景类似于体育教育环境，体育教育的存在与发展始终具有多维度、多环境体系的制约和调节作用。体育教育场景不仅是一个体育现场场景，也有事件和创造性场面。

二、高校体育教师的技能

（一）体育教师的核心竞争力

在新疆成功举办的体育技能大赛，是中国学校体育教育历史上的一个重要突破。它改变了古老的体育观念，使人们对体育有了新的认识。此次活动的成功举办，让人们见识到体育教师的技能、基本功，充分体现了体育学科的实践性和可操作性。活动成功举办，让人们不得不开始思考教师能力该向哪一个方向发展，应该订立哪些标准来考量。这将引领体育向新的阶段跃进，使得体育有了一个更明确的发展方向。

体育教师在教学领域想要立足，就一定要提高核心竞争力，也就是说，要以体育教学目标为基点，即增强学生体质，传授给学生基本的体育技术、技能，将学生培养成一个心理健康并充分得到社会化发展的人才。体育教师的优势主要体现在以下四个方面：第一，一般来说，体育教师的专业技能不经过长期系统的训练，是不可能获得的；第二，满足学生的求知欲；第三，所采用的训练方法即教师技能是方法论层面的，是无法用语言来表达的；第四，体育教师群体是一个遵循竞争与合作原则而又有较强集体荣誉感的队伍。这四个方面相辅相成，共同组成了体育教师最核心的竞争力。从这四个方面来看，不难发现，在就职的体育教师的能力中，体育教学的技能是核心中的核心，也是最应该关注的重点部分。体育教学技能要想不断强化，是需要体育教师长期积累的。体育教师积累的经验，还有丰富的阅历，都有助于教学技能水平的提高。

体育教学的技能作为核心，对于优秀的高校体育教师的成长来说是必需的，他们所拥有的辉煌和成就，都依托于高超的教学技能。有些高校体育教师后来的成就，也正是取决于他们教学技能科学化与艺术化的提高。社会在不断地发展，教育在不断地改革，社会也会对学校教育提出新要求，那就是由过去的追求规范到现在的追求质量。体育界制定了一系列的评价标准，比如学生体质健康的评定标准、有关教学质量方面的评定标准等等。显然，这些措施对我们来说都是十分必要的。在现在这个时期，最需要解决的问题就是要大范围地提高高校体育教师的教学质量，要求体育教师在教学能力的范围内提升自身的教学质量。因此，体育教师就成了学校体育教学中最重要的那个部分，体育教师的能力越高，就意味着教学的质量也会随之不断提高。

体育教师的进步发展，需要有良好的发展道路，但最关键的还是高校体育教师是否认可自己的职业，是不是具有明确的人格方面的需求。能否得到职业上的荣誉是职业发展的最根本动力。因此，体育教师最主要的，还是要培育自己的核心竞争力，其中主要的有以下三点：第一，从现在开始，发掘自己的核心优势。由于不同的职业、不同的身体条件，每个人都会有差异，有自己的专长。体育教师要培养自己的特长，培养自己的优势，培养超越别人的特点，努力弥补自己的不足。第二，从现在起，将所有的能量都转移到专业领域，加强、细化、完善自己。体育教学是一项复杂而艰巨的工程，教学技能的提高不能面面俱到，所以要花更多的精力研究一个领域，这样就有可能成为这个领域的领军人物。在同一个领域，谁更喜欢思考，并且思考得深刻，谁有更加丰富的经验，谁更有教学的办法，谁更有见解，谁就拥有了竞争力。第三，要一直学习，并敢于创新教学技能。教学技能所具有的独特的知识性决定了只有通过自身不断地学习才能提高自己的核心竞争力。人们所使用的知识，大多数都是在生活中不断积累的。体育教学技能的提高离不开学习，体育教师自己要不断地学习，再结合不断变化的学习环境，为了使自己立于不败之地而创新教学技能，保持核心竞争力。

（二）高校体育教师的教学技能

体育教师可以在自己的教学过程中，逐步地提高自己的教学能力和水平。众所周知，我们在体育课上学习的是体育的一般技能。而我们要想把知识技能学习得更好，体育教师的付出是必不可少的，需要教师很认真地去教学生。

不断对自身的体育技能进行实时更新对于每个体育教师来说是非常必要的，因为随着每个人年龄的不断增大，身体机能不断下降，体能相对来说自然也会降低，但对于体育教师来说，体育技能的教授可以用不断积累的经验来弥补身体素质的衰退。因此，一方面教师要尽可能地在教学中有意识地加强健身训练，使身体素质和运动能力的衰退速度尽可能慢一些，在教授技能的过程中，才能做出更为规范的示范动作；另一方面，体育教师也应该做到与时俱进，不断地吸收社会上新出现的技术理论，从而不断完善自身的教学框架体系，让所教的学生不但掌握要求做到的技术动作，并且深入地了解该动作的理论知识。从心理学的角度来讲，这样全面的教学方法才会让学生学习得更加全面完整，也更加了解体育教学之外的东西。因此，在了解教学与科研重要性的前提下，教师要把提高自身能力作为体育教学的基础，只有更加专业，学生才会在心底对教师的教学表示信服，教师也会因此而得到尊重。

体育教师教学的基本技能：一是编写教案的能力。能否科学地编写教案是对体育教师教学技能评估的方面之一，教案是上课的一个重要前提条件，教案的合格程度也很好地体现出一个教师的专业水平和教学经验。高校体育教师不但要会编写纸质教案，电子教案也同样重要，电子教案有助于学生在网上的技能学习。二是教法的选择和运用能力。需要对教学方法进行分类，明白什么样的学生应使用什么样的教学方法，做到因人而异、因材施教。教学有法，但无定法，做到因人而异的同时，也应该全面了解各种教学方法，从大量教法中学会优化组合，做到合理运用。三是语言表达能力。不论是什么教师，语言表达能力都是至关重要的，要能全面地、直接有效地运用语言把所要表达的技能理论和示范动作相结合。四是动作示范能力。示范能力对于体育教师来说基本上算是教学中最为核心的，这也是将体育教师和其他教师区分开来的标志之一，而适合的示范动作是体育教师教授技能动作的基础手段。最常见的是分解教学法，即将整体技能分解成容易教学的分解动作。五是正误对比能力。教师在教学中要注意发现自身的错误并不断改善提高，并使学生学会对正确的和错误的动作进行比较，这样独特的方式可以培养学生的认识能力，使其更加快速地掌握所学技能。

第二节　高校体育教师应具备的师德

教师是人类灵魂的工程师，是人类文明的传承者。正人先正己，育人先育德，教师要想教好书育好人，首先自己要有崇高的师德，作为一名高校体育教师也不例外。在师德的基本内容上，体育教师与其他教师一样，对文化的传播和再生产承担着同样的责任，肩负着培养人才的崇高使命。然而，高校体育教师在教书育人方面与其他教师不同，他们有着不可替代的特殊作用，主要表现在职业道德有其独特性、规范性。

一、爱国守法

自觉爱国守法。忠于祖国，忠于人民，恪守宪法原则，遵守法律法规，依法履行教师职责；不得损害国家利益、社会公共利益或违背社会公序良俗；坚定政治方向。坚持以习近平新时代中国特色社会主义思想为指导，拥护中国共产党的领导，贯彻党的教育方针；不得在教育教学活动中及其他场合有损害党中央权威、违背党的路线方针政策的言行。

二、爱岗敬业

在当今社会，从事任何职业，都需要热爱自己的工作。敬业体现出教师对职业的忠诚和热爱,是教师职业道德的基本标准。敬业是做好教师、履行义务的基本前提,它包含丰富的内容。敬业精神还要求高校体育教师应具有高度的责任感和强烈的事业心,严格要求自己。作为一名高校体育教师,要树立正确的职业观念和工作态度,忠于自己的职守、兢兢业业地奋斗,在体育教学过程中做到爱岗敬业、精于体育教学过程,认真落实常规体育课程体系,规范课堂教学环节。通过体育教育,教师可以传授给学生基本的理论知识和运动技能,增强学生的体质,引导学生树立正确的世界观、人生观和价值观。

三、为人师表

潜心教书育人。落实立德树人根本任务,遵循教育规律和学生成长规律,因材施教,教学相长;不得违反教学纪律、敷衍教学或擅自从事影响教育教学本职工作的兼职兼薪行为。

为人师表,以身作则,举止文明,作风正派,自重自爱。

教师对自身严格要求是教师在教学过程、工作和社会生活中的重要标准,体现了教师的职业道德。为了培养学生的高尚情操,教师首先应保证自己要有良好的道德素质。教师的每一句话和每一个动作都具有潜移默化的功能,所以教师应该严格要求自己,严格规范自己的品德和行为,要使自己的言行举止符合教师的身份,在与人打交道时,尊重他人,做到彬彬有礼。教师的语言和行为是影响学生的直接因素,在体育教学过程中要求教师语言文明,温文尔雅,通情达理,遵守自己的承诺。体育教师应该是知识丰富、有趣、幽默、诚实、慷慨的人,用自己高尚的道德修养和思想品质去教育和影响学生,只有这样,才能取得教书育人的良好效果。在高校中,学生不仅关心教师说什么,而且关心教师做什么,不仅看重教师的才华,更看重教师的品德。

四、严谨治学

严谨治学是指教师要认真对待知识的学习过程,认真对待学生。它会反映教师对待科学的探求态度是否端正,体现教师对教育对象和自己所从事的职业是否具有高度的责任感。体育教师能否完成教学工作,顺利完成自己的教学任务,很大程度上取决于教师的严谨治学能力和对业务的掌握程度。在教学实践中对文化的传播要具有鉴别力，选择优秀文化与主流文化，带头践行社会主义核心价值观，弘扬真善美，传递正能量；不得通过课堂、论坛、讲座、信息网络及其他渠道发表、转发错误观点，不得编造散布虚假信息、不良信息。对自己的言行与工作必须以严谨的态度面对。遵守学术规范，力戒浮躁，潜心问道，勇于探索，坚守学术良知，反对学术不端。

五、热爱学生

高校体育教师在教育教学过程中，要谨慎地处理好诸多方面的关系，而其中最根本的关系就是师生之间的关系。和谐的师生关系将直接影响教育过程的顺利进行、教育教学的有效性以及教育任务的顺利完成等。在师生关系中，教师是关系中的领导者，起着主导和决定性作用。师生关系应是一种新型的平等、互助、相互尊重、共同奋斗的关系。在这种关系中，高校体育教师应严慈相济，诲人不倦，真心关爱学生，严格要求学生，做学生的良师益友；不要求学生从事与教学、科研、社会服务无关的事宜。教师对学生的关爱建立在尊重学生的基础之上，要凭借正面教育去鼓励学生，让学生感到自我价值的实现。

六、公平诚信

高校体育教师应秉持公平诚信的原则。坚持原则，处事公道，光明磊落，为人正直；在考试、绩效考核、岗位聘用、职称评聘、评优评奖等工作中公平诚信，严禁徇私舞弊、弄虚作假。

七、廉洁自律

高校体育教师应严于律己，清廉从教，不得索要、收受学生及家长财物，不参加由学生及家长付费的宴请、旅游、娱乐休闲等活动，更不能利用家长资源谋取私利。

八、奉献社会

高校体育教师应利用自己的所学及职业优势积极奉献社会，积极履行社会责任，主动贡献聪明才智，树立正确的义利观。高校体育教师不应该做任何假公济私之事，更不能擅自利用学校名义或校名、校徽、专利、场所等资源谋取个人利益。

总之，高校体育与高校体育教师的发展有着密切的关系。为了让我国高校体育的发展逐步走向成熟，一方面要创造新的条件来规范高校体育教师的师德，另一方面，高校体育教师要自觉提高自身修养。

第三节　高校体育教师应具备的人文素养

人文素养，又称人文质素，是一个复杂而又重要的概念。虽然人文素养的概念无法准确界定，但学界对它的理解却是一致的。人文素养的内涵包括人文知识和人文精神。人文知识是指人类社会和文化的各种知识，如语言、文学、艺术、历史、哲学、政治等。人文精神是指人文科学中对人类生存发展的意义与价值的关怀，如人性、自由、正义、美好等。人文精神是人文素养的核心和灵魂，没有了人文精神，只剩下人文知识，就不能称为真正的人文素养。人文精神彰显着人类对美好人生的追求，注重感性和情感的抒发，重视生活的多样化和理想化，致力于让人类的各种追求和努力都落到对人本身的关怀上。人文素养也体现在一个人的精神品质上，如气质、信仰、德行、情怀等，它们影响着人的三观。人文素养有着丰富的内涵，它是人的综合精神面貌，体现了社会文明的发展程度。

高校体育教师的人文素养受校园体育文化的影响，因此在分析高校体育教师的人文素养要求之前，首先要了解高校校园体育文化的特征。

一、高校校园体育文化的分析

高校体育文化可以从广义和狭义的角度分别阐述。广义上讲，它是学生和教师通过教育、学习和日常生活等活动在学校现有环境中所创造出的关于体育的一切物质和精神。狭义上讲，它是在教学环境下，高校师生通过体育教学实践所创造出的有关体育的精神、价值、财富、能力、道德和行为等内容。狭义上的高校文化是以学生为主体、教师为主导所创造的。高校体育文化是一种存在于特定范围内的文化，它的形成与发展紧紧围绕着高校的人和事物，展现出基础性、传承性、连续性和娱乐性等特征。高校体育文化是由精神文化、制度文化和物质文化构成的一个有机整体。它们相互作用，相互促进，共同构建着高校体育文化的内涵和外延。为了提高高校体育文化的水平，应该从这三个方面进行创新和完善，使之更加符合高校体育的特点和要求。

体育教育在高等教育体系中占有重要的位置，有助于学生的全面发展。体育文化活动的开展不仅能为高校学生提供生活娱乐方式、提高学生在体育学习方面的积极性及学生的综合素质、鼓励学生积极参与锻炼，还有助于高校改革工作的推进、高校育人环境的营造和优化。此外，高校体育文化也是校园文化的重要组成部分，有助于学校营造积极的文化氛围。应不断强化对高校体育文化的认知，对高校体育文化建设工作的制约因素应进行深入的研究与分析，从而提出相应的对策。

校园体育文化兼具体育文化和校园文化的特征，能让学生在运动中感受文化的魅力，在文化中享受运动的乐趣。校园体育文化是学校教育的重要组成部分，有助于学生的身心全面发展，能够培养学生的创新思维，促进实践能力的提升，是高校培养优秀人才的重要助力。高校校园体育文化有以下几个方面的特点：

（一）科学性

高校体育文化是历史的积淀，是教育实践的产物。高校体育要以科学化为发展的根本，无论是教学、训练还是竞赛，都必须贯彻科学化思想，以科学的视角来审视和改进其理论与方法。缺乏科学技术和理念的支持，高校体育就会失去活力。高校体育文化科学素养主要包含体育知识、竞技规则以及训练方案制订与执行等。科学的师生互动与实践体验有助于学生掌握运动技能，熟悉运动规律，从而获得全面的发展。高校体育文化是社会文化环境和学校自身发展的综合反映。教育界普遍认为：有特色、有声誉的学校，其体育文化大多十分优秀。高校体育文化的建设不可忽视，它对学校的发展有着潜移默化的影响。

（二）民族性和传承性

民族文化有其独特性，一个民族的文化必定有着自己独有的风格和特色，呈现出与其他民族文化不同的面貌，这也就是文化的民族性。我国共有56个民族，各个民族的文化之所以能够延续，是因为民族文化具有极佳的传承性。无论民族文化呈现出什么样的形态，都与孕育它的民族的特征相适应。体育文化作为文化的重要组成部分，也体现了民族性和传承性。不同的民族都有自己喜爱的传统体育项目，如舞龙、舞狮、陀螺、秋千、旱冰等，这些项目不仅反映了各个民族的生活习惯和审美情趣，也展示了各个地区的风土人情和地理特点。随着高校体育改革的深入，传统体育项目逐渐走进大学校园，成为高校校园体育文化的重要内容。高校校园体育文化是在中国高校这一特殊环境中形成和发展的体育文化形式，它既继承了中华民族文化的精髓，又融合了校园文化的特色，还具有体育文化的普遍性。传统体育文化在高校校园体育文化中发挥着积极作用。它强调身心合一、人与自然和谐相处，符合当今构建和谐社会的理念。它把人在生理、心理和社会层面上的需求有机地结合起来，为人们提供了一个健康、美好、和谐的体育文化环境。

高校应该学习外国在体育方面的先进经验和思想，这样可以丰富我们自己的体育文化。奥运会是一项全球性的体育赛事，它所形成的奥林匹克文化也包含了各个国家的体育文化元素。我们应该认识到，体育文化的交流不等于体育教育的同化。奥林匹克体育文化不是体育文化发展的绝对准则。在高校的体育文化建设中，既要学习和借鉴西方体育文化的长处，也要展示中国传统体育项目的东方风情。只有这样，高校才能成为培育具有中国特色的体育文化的摇篮，东方的体育文化和体育文明才能持续发展。也只有这样，我们的文化创新才能为人类的体育文明做出贡献。

（三）时代性

文化的发展受到时代的制约，在一定程度上，文化能够体现时代的特征。随着时代的变化，文化也在不断发展着。高校是教育活动开展的主要场所，它的发展受到社会环境、政治环境和经济环境的影响。在校园中发展的体育文化也是如此。例如，学校早期的兵式体操以及现在的休闲运动都是在时代影响下形成的体育运动。由此可见，时代特征和社会环境能够影响高校校园体育文化的产生与发展，使其带有鲜明的时代特征。

大学生作为知识分子，有着强大的学习能力。他们能够继承传统体育文化的精华，也能将其与现代的物质条件相结合，形成具有时代气息的独特的体育文化。在高校校园中，传统的体育项目如篮球、羽毛球、足球、排球、游泳等项目仍然受到欢迎，同时，街舞、健美操、集体舞、网球、攀岩、拓展运动等新兴体育运动项目也日益流行。这些项目以其新鲜的运动方式、有韵律感的音乐节拍、刺激的身心体验吸引了大学生的眼球。传统体育项目和新兴体育项目通过体育课、课外体育活动、体育俱乐部、体育文化节等多种途径呈现在师生面前，为高校校园文化注入了活力。

（四）多元化

高校校园体育文化是社会主流文化在高校的体现，也是高校适应市场经济和文化多元化的必然结果。高校校园体育文化以学生为本，注重培养学生的体育能力和素养。校园体育文化的构成要素包括体育物质文化、体育精神文化和体育制度文化，它们从不同层面影响着学生的身心发展。校园体育文化的表现形式多种多样，涵盖了体育场地设备、体育音像资料、体育道德风尚、体育运动技能、体育保健知识、体育健康意识、体育知识讲座、体育宣传雕塑、终身体育意识等内容。这些丰富多样的体育文化表现形式，为学生提供了丰富的学习和生活经验，也有助于塑造他们积极健康的人生观。

（五）大众性

高校校园体育文化的一个显著特征是它具有娱乐性。这种娱乐性来自它的参与方便程度和受欢迎程度。作为校园中最具影响力和最广泛参与的文化活动之一，高校体育文化活动重视满足人们的身心健康和情感需求。参与者不受身份、地位、专业、性别、年纪等因素的限制，也不需要掌握高难度的技巧、深刻的思想或丰富的文化素养，体育文化活动会通过普及的、自我娱乐的、休闲的、游戏化的方式迎合参与对象。无论是参与者还是观众，都能感受到体育文化的魅力，并在其中获得愉悦的主观情感体验。因此，它能够自然地激发广大师生员工的积极参与。在空间和时间的广度方面，体育文化具有其他校园文化不可替代的作用。

二、加强高校体育教师人文素养培养的重要性

体育是一门综合了科学理论和人文精神的学科，在高等教育中具有重要的价值。这门课程的重要性意味着高校要从各个方面寻找方法提升其水平。而在众多因素中，教师的人文素养的提升值得重视。体育教师的人文素养水平体现在他们

的教学方法和态度上，影响着大学生的体育兴趣和动机，关乎大学生的身体素质和健全人格的形成。因此，高校体育教师应该不断提升自己的人文素养水平，以适应高等教育的发展要求。结合以上分析，可以从以下四个角度理解高校体育教师人文素养培养的重要性。

（一）建设社会主义精神文明的需要

教育事业的重要任务是提升全体人民的素质，推动社会主义建设工作的进步，加强物质文明建设和精神文明建设，高校的一切教育工作都要围绕这一任务进行。无论是体育教育发展和成效的评估还是未来的工作计划的制订与实施，都要以提升大学生的综合素质为出发点，考虑是否有助于促进社会主义物质和精神文明的进步，注重培养学生的全方位的能力和品质。因此，作为高校体育教师，不仅要掌握扎实的体育知识和教育理论基础，还要具备高超的教学活动组织能力、了解体育竞赛知识和训练方法、具备体育专业技能并具有相当水平的综合创新能力。此外，体育教师也要注重个人人格和品质的修养，树立正确的世界观、人生观和价值观，能够勇于奉献。由此可见，对体育教师的人文素质教育非常重要。

（二）体育教学改革的需要

高校体育教育应该适应当代社会的发展趋势，即学科之间的高度分化和高度统一。一方面，学科的专业化、新兴化和边缘化要求高校体育教育不断更新知识结构，提高专业水平；另一方面，知识经济的兴起促进了文理学科、自然科学、社会科学和人文科学的相互渗透和交叉发展，要求高校体育教育拓宽知识视野，培养综合创新能力。只有这样，高校体育教育才能有效地帮助学生掌握人文、社会和文化等多方面的知识，提升其人文素质，培养出适应社会需求的复合型人才。作为合格的体育教师，不能仅满足于专业知识、教育学知识，还应当具备人文科学知识。根据人文素养的特征与内容，提高高校体育教师人文素养的总体目标应该是完善人格，没有教师人格魅力介入的教育，不可能是真正意义上的教育，提高人文素养是造就教师人格魅力的需要。作为高校体育教师，担负着培养人才的重任，是推进和实施高校体育素质教育的主力军，应当站在历史的高度，强化责任感和时代意识，深刻认识到提高人文素养是新时代所赋予的历史使命，也是一个人民教师义不容辞的责任。

（三）教师自身职业发展的需要

人文素养表现为个人的精神品质和人生态度，它不仅反映了人对人生价值的理解与追求，还反映了人的社会责任意识和与他人交往的态度。在当今世界，提高国民素质是一种必然的趋势。体育人文素养是人文素养的重要内容，它需要教师来传播和培养。具有高尚人文素养的教师不仅关注学生的学习成绩和荣誉，更关注学生自我价值的实现和对生命意义的追寻。他们将教育事业当作崇高的人生理想。优秀的大学必然具备浓厚的人文教育氛围，能为大学的发展指明方向。要培养学生的体育人文素养，要先提高体育教师的人文素养，让他们能够在体育教育中传递人文精神。因此，我国高校要重视教师人文素养的培育与提高。教师专业发展是教师成长的重要途径，而人文素养的培育则不断激励教师主动追求发展。没有高水平的人文科学，就没有高水平的大学。

（四）升华大学生人文精神的必要性

高校体育新课改的核心理念是"以人为本"。大学生是国家和社会的未来，是人才市场的主力。为了促进社会的和谐发展，必须加强学校教育，提高每一位学生的人文素养。教育责任的主要承担者是教师，因此对学生人文素养的提升而言，教师本身素质的提高是重要影响因素。学生人文精神的提升是社会发展和时代进步的必然要求，作为高校体育教师必须承担以身作则教育学生的重任，只有自身的人文素养得到提升才能有意识地在教育当中渗透人文精神，重视对学生人文素养的培育。体育教师与大学生的接触频繁，他们的人文素养会对大学生产生潜移默化的影响。如果体育教师自身缺乏人文修养，就无法有效地将体育人文精神传递给学生，就无法发挥榜样作用，也无法提高大学生的人文素质。由此可见，高校体育教师人文素养的提升是施行人文教育、提高学生人文素质的重要前提。

人类社会的进步，给人们带来了很多机遇和挑战。在这样的环境中，人们不仅要面对竞争、压力，还要承担多种社会角色，这对人们的身心健康和道德修养都产生了重大的影响。如何在这样的社会中实现人的全面和谐发展，是一个亟待解决的问题，也是教育工作的重要目标。提高人文素养和升华人文精神，是促进人的全面和谐发展的有效途径，尤其是对于大学生这一群体，他们应该通过体育、文化和教育的有机结合，增强自身的体质、道德和人文精神，为社会的进步做出贡献。

三、高校体育人文教育功能的实现

人文教育的内涵是多方面的，不应该简单地等同于人文学科的教育。这种误解会造成人文教育的范围过窄，也会忽略教育的本质，导致教育工作者无法发挥其应有的作用，也会排除一些自然学科和社会学科中具有文化价值的经典著作，使得人文教育的受众缺乏必要的文化素养，也会削弱人文学科的教育工作者的社会认同。因此，我们必须立足教育实践，不断拓展人文教育的范围，将人文教育渗透进其他学科的教育中，以科学合理的教育观指导人文教育的发展与改进，结合教育实际，针对学生的学习需求开展人文教育，达到教育质量提升的目的。引导学生学习传统文化，养成阅读经典著作的习惯是最为有效的人文教育方式。人类历史上积累的文化经典中包含着丰富的人文教育的思想资源。只有通过阅读和理解这些经典，才能培养学生的人文素养和审美能力，才能激发学生的创造力和批判性思维，才能促进学生的个性发展，培养其社会责任感。

随着社会的不断发展，素质教育的内涵不断扩展，人格教育也成了其中最为重要的一项内容。而我国所提倡的人格教育不仅包括传统文化中传承至今的人格行为，如友谊、责任、勇气等，还有时代所赋予的新内容，如创新、敬业、独立等。这是青年学生安身立命、待人处世、适应社会和迎接经济全球化挑战的重要素质。在全球化发展的背景下，我们应当重新审视体育教育的价值。

从本质上讲，体育教育和人文教育是相容的。人文教育指的是人文社会科学的教育，人文社会科学教育指的是以人的社会存在为研究对象，以揭示人的本质与人类社会发展为目的的科学。人文教育的本质首先在于人文精神的培养，人文精神是素质教育需要强化的重要方面，也是21世纪高校教育改革中的重要组成部分。人文教育是一个历史范畴，不同的历史文化语境下人文精神的含义是不同的，就现在我国高校体育人文教育的情况来说，主要是强调体育教学要"以人为本"，尊重学生个体发展的丰富性、差异性。此外，要强调教育方法的非强制性。在内容的选择上，要尊重学生个体的情感与意志方面的发展，主张学生运用伦理思维、伦理行为去审视自然、人和社会的各方面。体育教育和人文教育之间有着非常密切的关系。首先，体育精神和人文精神的建设都需要人来发挥创造性和主观能动性，两者的内在是具有同一性的。体育精神崇尚真实，人文精神讲究善与美，体育精神和人文精神的结合彰显了我国社会所崇尚的真、善、美的融合。其次，在体育精神和人文精神的培养中，思维方式和能力是非常重要的。不同的是体育注重形象思维，而人文注重逻辑思维。

高校体育教学的首要任务是价值教育，要把人性作为体育教育的核心理念，贯穿于教学的全过程。体育教育不仅包括体育知识及相关技能的传授，还包括学生品格、精神等的培养，这些都是人文素质的重要组成部分。体育教育也要注重自由和责任的教育，让学生在运动中体验自由的乐趣，承担应尽的责任，形成现代伦理生活的基本价值观。如今，体育教育已经成为学校教育不可忽视的内容，必须以社会需求为核心展开。体育教育要以科学的方法和思维方式，传授体育知识、培养运动能力、培训运动技术方法、陶冶体育精神和体育美学情操，使学生能够实事求是、开拓创新，追求卓越的体育精神。

将体育教育与人文教育融合，高校体育教育的目标就得到了人文方面的丰富。首先，高校体育教育要起到培养大学生思想精神的作用，让大学生具备爱国主义、集体主义等思想，养成自尊、自信、自爱、自强的精神与品质。其次，高校体育教育要完善大学生的人格修养，使其形成高尚的人格与情操。再次，高校体育教育要培养大学生的创造能力，培养其勇于探索、积极进取的精神。最后，高校体育教育要培养大学生的正确审美观，使其养成健康的审美情趣并具备一定的审美能力。

为了让高校体育教育更好地培养学生的人文素质，应该以学生的全面发展为指导，建立符合体育价值观的教学理念。在此基础上，要创新大学体育的课程设置、教学方法和评价方式，使之能够体现和传承人文精神。同时，要提高大学体育教师的人文修养，形成优秀的校园体育文化，让高校文化环境成为体育教育的摇篮。高校要重视大学生健康体育生活习惯的养成，只有这样才能满足终身体育的发展需求，让学生在今后的生活中保持健康的体魄。

人文教育在高校体育教学中的有效融合，首要的是教育思想的改变。体育教师要清楚地认识到人文教育的重要性和必然性，从而以成熟的教学理念指导教学实践活动的开展。步入新的发展时期，体育教育的发展对教育质量整体的提升十分重要，而要实现体育教育的发展就必然要形成"以人为本"的正确体育价值观。人文教育的基本观念就是提倡教育要以人为本。体育本身就具有生活和文化的双重特征，体育教育的人本特性发源很早。以人为本的教育观要求在体育教学中发挥学生学习的主体性。学校体育的首要目标还是实现自己所制定的人才培养目标，因此以人为本更是教育的重要原则。在具体的教育实践中，学校要以学生的个性差异和身体素质差异为教育实施的基础，因材施教，从而实现学生个性潜能的发挥，促进学生全面发展。由此可见，高校体育教学质量的提升必须从人文精神和科学精神的有机结合角度来思考。

为了践行以人为本的体育价值观，实现人的体育价值，必须把人放在体育运动的核心位置，把促进人的全面发展作为体育运动的根本目标。这是马克思主义关于人的本质是社会关系的总和的深刻启示，也是以人为本的"健康第一"的体育教育指导思想的必然要求。教育者要清楚，全面发展不仅是学校教育的要求，更是最终目的，只有确立这一教育观念，并在教学中以此为核心展开教育活动，才能保证学生身心的健康发展。全面发展的体育价值观是对传统教育理念的更新，对于教育的发展而言意义重大。因此，在体育教学中，要注重培养学生的自主性、创造性、合作性和社会责任感，让学生在体育活动中享受快乐，提高自信心，增强团队精神，形成积极健康的生活方式。要在体育教学管理中尊重学生的个性差异，因材施教，给予适度的指导和激励，营造良好的体育环境和氛围。在体育研究中，要探索适合学生全面发展的体育理论和方法，不断创新体育教学内容和形式，提高体育教学质量和效果。只有这样，才能真正实现以人为本的"健康第一"的体育教育目标。

高校体育课程包括理论课和实践课两种，这是一种培养学生人文素养的体育教育模式。高校体育教育应该采用多样化、灵活化的人文教育方法。在体育理论课上，强化人文基础知识的传播和教育，提高学生的文化素养。为了培养学生的体育文化素养，教师可以在实践课上组织学生参与或观看大型的体育活动，让学生感受体育的魅力和精神。同时，教师还可以在实践课上引入一些文化知识方面的内容，利用多媒体教学手段展示文化知识对体育的影响，从而激发学生对体育的审美兴趣，提高学生的文化素养和思维能力。此外，高校体育课程还应有心理和社会能力方面的内容，教师要在课上将科学教学、人文教学和健康体育的理念融合起来，通过人文知识的讲解让学生了解体育锻炼的益处、培养体育锻炼的习惯，在体育锻炼的过程中增强自信心、加强与人沟通交流的能力，从而实现身心的全面发展。

为了促进人的全面发展，必须实施素质教育。素质教育是全面发展教育的具体方式和手段。体育教学是素质教育的重要组成部分，它不仅要考虑课程的设计，还要考虑人文知识的传播。体育课程的设计应该反映出价值取向，即尊重学生的兴趣和需求，选择健康、娱乐和休闲的项目作为教学内容，同时在教学中融入与项目有关的历史文化知识和人文精神培育内容。改革体育课程，应该把弘扬人文精神作为指导思想。体育课程体系的设计要以学生为中心，从学生的角度出发，满足学生的学习和发展需求。体育院校要加强对学生人文知识素养的培养，使其掌握一定的人文知识，提高文化修养。在高校体育教学过程中，教师要重视学生主观能动性和创造性的发挥，从学生的需求出发设置课程、寻找教学方式，这样才能让教学内容贴近学生，从而发挥出体育课程的人文教育功能。

第四节　高校体育教师应具备的信息素养

一、信息素养概念的提出及界定

信息素养一词诞生于20世纪70年代。当时美国信息产业协会主席保罗·泽考斯基对信息素养进行了定义：信息素养就是利用大量的信息工具及主要信息资源使问题得到解答的技术和技能。信息素养包含三项主要内容：信息文化、信息意识、信息技术。如今比较受肯定的定义是，个体获取信息、分析信息、处理信息、传播信息等方面的能力以及对信息活动的态度。通俗来讲，信息素养就是人们在信息处理时所需要的技能。

随着人们对信息素养认知的不断提升，其含义也逐渐广泛，成为一个综合性的概念。个体的信息素养表现为其信息意识、信息技术能力、信息道德观等，它们是信息素养最基本也最重要的内容。

对于高校而言，综合实力不仅包括教学设施，还包括教师队伍的教学能力与学术水平。因此，教师的信息素养也是学校综合实力的一部分。作为高校体育教师，必须掌握一定的信息素养。教师在体育教学工作中，尤其在完成具体工作目标的过程中需要进行一些信息获取、加工等工作，教师要有能力通过信息技术完成这些工作，提高工作效率。教师具备基本信息素养是高校实现信息化教学的前提条件。

高校体育教师所需掌握的信息素养包括以下几类：

（一）一般公民信息素养

一般公民信息素养指的是个人在数字时代获取、评估和利用信息的能力。它是信息时代公民所需具备的基础素养。作为高校体育教师，要想在教育中更好地使用信息技术，更要具备这种基础素养。体育教师首先要有敏锐的信息意识，能够捕捉与体育相关的有用信息。具体而言，教师首先要了解信息的作用、信息化的内涵、体育教育信息化的重要影响，并积极探索体育教育信息化的方式与方法。其次，教师要关注体育教育和科研的发展，以自身的教育实践推动体育教育信息化的发展。最后，体育教师要掌握基础的信息技术与相关知识，同时还要关注信息技术的发展，积极探索信息技术与体育教育结合的方法。

（二）体育教育专业应用信息素养

体育教师除了要掌握一般公民信息素养，还要具备较高的信息技术应用能力。首先，教师要具备基础的计算机操作能力、掌握常用软件的使用方法、学会如何开发和利用体育信息资源，并具备将信息技术与日常教学结合的能力。具体而言，教师要清楚信息系统的工作原理和工作环境，然后掌握体育教育中常用软件的使用方法，了解其工作环境。其次，教师要有信息应用能力，也就是理解信息科学的技术，掌握信息手段的特征，具备基本的信息技术手段操作能力。体育教师要掌握电子教案的编写方式和使用方法，熟悉多媒体教学设备的使用方法和技巧，熟练掌握多媒体教室和网络教室的各种功能和使用技巧。

（三）体育教育专业开发设计信息素养

体育教师不仅要具备使用各类信息软件的能力，还要具备一定的信息化教学资源开发能力。每个学校，甚至每个班级学生的学习情况和学习资源是不同的，因此外界提供的信息软件和教学资源往往不能很好地切合学生的实际情况与教学需求。教师如果能够开发具有针对性的教学资源，则能更好地发挥信息技术的作用，提高体育教育的质量。在信息时代，体育教师要认识到信息资源利用对体育教育与研究的重要意义，更要学会使用信息技术解决实际教学问题，分析自己的教学需求并综合使用多种信息渠道和信息处理方式满足教学需求。此外，教学要具有一定的创新性，这也要求教师具备一定的教学资源开发能力，这样才能提高学生的学习兴趣和教学效果。

（四）体育教学媒体及其功能的掌握能力

教学媒体是现代科技企业的重要产物，它们为教学活动提供了丰富的资源和便利的条件。但是，教学媒体并不是教学活动的目的，而是教学活动的手段。教学活动的目的是提高教学质量和效率，促进学生的全面发展。体育教师应该根据教学的具体情况，合理选择和使用教学媒体，不要盲目追求新颖和高端。此外，体育教师还要具备一定的教学设计方面的理论知识，能够运用信息技术进行课堂设计，实现课堂教学的优化。将教学理论与实践有机结合，综合考虑各种教学因素，实现教学效果的提升。体育教师还要具有整合教学媒体和教学工具的能力，不仅要掌握各种教学工具的使用方法，还要结合课程具体内容，有效地将信息技术和媒体技术与教学相结合，优化教学方法，让信息技术真正为体育教育服务。

（五）体育教师应具备良好的信息道德

信息道德是指在信息传播和使用过程中应遵守的道德准则和规范。它涉及信息的获取、处理、传播和使用以及信息安全、隐私保护、言论自由等方面的问题。信息道德强调在信息社会中要遵循真实、客观、准确的原则，不传播虚假、误导或歧视性的信息。此外，信息道德还要求保护个人隐私，遵循合法和道德的方法获取、使用和共享信息。它还包括尊重和保护知识产权，防止侵权行为，以及尊重他人的观点和言论自由等方面的内容。信息道德是每位公民都应具备的道德品质。在获取和使用信息的过程中，体育教师要遵守基本的信息道德规范，合理合法地使用信息，拒绝不良信息，以身作则，向学生传输正确的信息价值观，让学生的身心能够全面发展；要帮助学生掌握正确的信息获取、筛选、使用和评价方法，提高学生的信息素养。

二、高校体育教师信息素养状况及培养办法

大量教学研究与实践已经证明，体育教学信息化能够培养学生对体育和信息

技术的学习兴趣，从而让学生更加积极地投入体育学习中。而在这一过程中，教师的信息素养起到了非常关键的作用。为了提高高校体育教师的信息素养，促进体育教育与信息技术的有效结合，必须从多方面着手，采取有效措施。

　　高校体育教师的信息素养是影响体育教育信息化水平的重要因素。信息是推动社会进步的关键因素，高校教师要适应高等教育改革的需要，必须具备信息知识，将教学与科研相融合。信息能力是指人们利用信息资源和信息技术工具有效地获取、处理和创造信息的能力。当前，高校体育教师的信息能力亟待提高。高校体育教师应该运用信息技术来丰富体育实践和理论教学的内容和形式，但现实是高校体育教师对信息技术的应用和处理能力不够。而且，高校体育教师真正利用计算机辅助体育教学的比例不高，运用信息技术进行体育学习或科研的比例也不高。教师还需要加强对文档处理、多媒体应用、计算机操作系统原理等技能的学习。

　　随着网络技术的不断发展，网络已经深入人们生活的方方面面。大学生对新生事物的兴趣很高，网络对于他们而言极具诱惑性，在他们接触网络的过程中，其信息技术使用能力和信息获取能力也在不断提升。高校体育教师应当掌握信息技术与教学融合的方法与能力，进一步提高教学效果，实现课程改革的目标。

　　信息时代，高校教师要有基本的信息意识，要充分认识到网络的重要性和危害性，通过自身有意识的培养和无意识的影响来帮助学生树立正确的信息伦理道德意识。高校教师要重视对相关法律的了解与学习，规范自己的信息使用行为和学术行为，并引导学生树立正确的网络价值观，培养学生正确的网络使用习惯。高校应当为学生营造和谐的校园网络环境。

　　步入信息时代，网络技术和信息技术的使用已经成为人们生活、学习和工作中不可缺少的能力。作为普通人，应当具备一定的信息能力，以适应现代生活。作为高校的体育教师，更应当以教学能力的提升和教学方法的优化为目标，不断学习信息知识，提升自己的信息素养。教师信息素养的提升是高校教学信息化改革的重要基础，也是适应现代社会对高校教育要求的必要工作。教师只有不断提高自己的信息素养，才能在教学中更好地为学生提供优质的课堂教学体验，培养出高素质的人才。此外，教师的信息素养也是教师进行教学研究和科学研究的重要能力，如果缺少信息素养，教师就很难使用现代技术进行研究，更无法了解前沿的教学理念和方法，教学能力的提升也就无从谈起了。由此可见，对于高校体育教师而言，信息能力是一项提高教学水平必备的能力，也是自身发展必不可少的能力。

三、高校体育教师信息素养培养的可行性分析

（一）新的教学方式需求

在当今社会，信息化已经成为一种不可逆转的趋势，信息的质量在提高、数量在增加。体育教育作为教育的重要组成部分，也需要与时俱进，利用信息技术提高教学效果。因此，体育教师必须具备信息能力，能够理解信息的结构和特点，能够运用有效的学习方法和策略，能够灵活地使用各种现代教学工具和手段，从海量的信息中筛选出有用的内容，为自己的终身学习打下坚实的基础。这样，体育教师才能跟上信息时代的步伐，才能应对教育信息化对他们的新挑战。

高等学校的主要任务是培养适应信息时代发展需求的创新型人才，这些人才不仅要具备传统的德智体美劳等方面的素养，还要有信息能力、创新能力、协作精神和适应能力。网络教育是一种有效的培养方式，它能够提高学生的网络生存能力，增强学生的信息获取、选择、加工能力，同时提高学生的学习积极性和自主性。信息素养教育强调对信息资源的收集与应用，它是网络教育的重点内容。利用信息化教育方式与手段，学生能够找到适合自己的学习方法、摆脱对教师的依赖。在信息时代，学生不仅要掌握知识和技能，还要重视信息能力和创新能力的培养，养成与人合作的习惯与能力，成为全面发展的人才。在这种发展趋势下，教师要不断提升自己的信息素养水平，快速适应现代教育的变化。

（二）技术设备条件

随着教育对信息素养培养的重视度不断增加和教师信息素养的不断提升，高校也增加了很多信息化教学和办公设备，如办公电脑和多功能教室。如今体育教学信息化的脚步不断前进，高校体育教学已经发生了巨大的变化。高校体育教学信息化涉及很多方面，如教学体系的变化、体育本身的变化等，体育信息化是这两者与现代信息技术的有机融合。高校信息化教学的工具不断增加，并逐渐趋近于数字化，高校体育教师的信息获取、处理和传输等也逐渐依赖信息化技术。此

外，我国高校图书馆的信息化建设工作也有了很大的进展，通过网络连接，中国教育与科研网站将各大高校的教学与学术资源整合起来，为高校教师提供了便捷的信息获取平台，高校也必须重视体育院系资料室的信息化建设工作，为高校体育信息化提供基础支撑。

高校体育教学信息化系统包含四方面的内容，分别是硬件、教育模块、应用模块、信息模块。硬件就是指系统的硬件设备、数字化设备等。教育模块就是指依托于网络信息技术的教育模式和教育理念。应用模块就是指信息化系统，包含数据库、教师管理和学生管理、自动化办公、网络教学系统等内容。信息模块就是指管理者、师生的信息素养。

（三）体育教学的特点

随着信息化的发展，教学结构发生了变化，体育教学也得到了全面的提升。体育教学是一门实践性很强的学科，需要教师在教学过程中，灵活运用各种教学辅助设备和组织形式，才能有效地展现体育运动的复杂性和多样性。网络的开放性和宽容性为体育教学提供了丰富的资源和材料，但也要注意地域差异和信息规则的影响。体育教学与其他学科有着本质的区别，需要教师结合直观示范和语言讲解，才能帮助学生形象地掌握技术技能。计算机和多媒体为体育教师提供了新的教学工具，不仅提高了体育教师的信息素养，也增强了体育教学的效果。因此，体育教师应该不断地更新自己的知识结构和教学方法，以适应信息化时代的要求。

第五章　高校体育教师发展的影响因素与途径

本章讲述了高校体育教师发展的影响因素与途径，主要从三个方面展开叙述，分别是影响高校体育教师发展的因素、提高高校体育教师素质的途径、提高高校体育教师专业能力的途径。

第一节　影响高校体育教师发展的因素

一、个人因素

家庭的和谐会影响生活习惯，生活中发生的重要事件又会影响一个人的心情，职业竞争的压力、个人的兴趣爱好以及对未来的期望，这些都是个人影响因素的主要方面。

（一）个人背景差异

1. 性别因素

性别因素对高校体育教师素质存在影响，男女高校体育教师获得的机会不均等，虽然一样优秀，但性别的差异决定了他们各自在某些体育项目上的优势。

2. 年龄因素

年龄因素对高校体育教师素质存在影响。体育教学对教师身体素质的要求比较严格，有好的身体才能为学生做示范，而年纪较大的教师一般有着丰富的经验。

3. 学段因素

不同学习阶段对体育教师的素质要求不同。在大学任教的体育教师尤其是负责体育学校教学的教师承担着为国家培养优秀人才的责任，小学的体育教师主要是为了增强学生的身体素质，教学活动的技术性会相对较低。

4. 学历因素

职业的学历高低所存在的影响并不大。学历的高低只是一个门槛，虽然它会把一部分人隔绝在高校的大门外，但并不影响教学的质量。进行教学需要不断地研究，对症下药，对于通过自身锻炼来提升教学技术、用在职培训方法来提高学习能力的人，则需要去主动接纳，只有广纳人才，体育教育事业的发展才会不断壮大。学历是能通过努力拼搏来提高的，所以对体育教师的素质影响不是很大。

（二）个人内在因素

高校体育教师内在素质指高校体育教师的自我完善，是随着高校体育教师自我角色不断转变、实践经验的不断积累而提升的。社会上对高校体育教师的需求呈上升趋势。教师专业知识的提高，逐渐向与自身的特长技术结合的方向发展。教师在专业方面的知识能力的提高就是适应社会巨大需求的有效方法。

1. 专业化因素

专业化在某种意义上就是个性化的体现。每个人的特长不同，从而彰显了个性化的不断发展，个性化对教师的要求更加严格，不仅需要教师掌握专业知识，更需要尊重高校体育教师已有的经验和观念，在尊重的基础上把理论知识与实践结合起来，完善个人教育理念。另外，高校体育教师的自我发展意识也具有重要作用。影响高校体育教师专业发展的核心因素是成就动机，体育教师需要对教育有着执着追求并通过自身的努力达到自己的目标，然后取得成功，在这个过程中成长。

2. 自我意识的强弱

自我意识包括对自己现实生命质量、生命发展和生命力展现以及人格的认知。通过对自我的认识和对自己的客观评价，高校体育教师形成了自我期待的意识。自我期待的价值越高，教师们的自我评价能力就会相应提高。有自己明确的目标，并且能随着具体情况不断地完善和适当调节，切合实际地完成目标，就是自我意识的形式特征。要善于倾听别人的意见，进一步提高自己的教师素养。

3. 职业角色需要

每个领域都有自己对应的角色，每个角色的地位与职责不同。高校体育教师就是体育行业的代表，要想让代表的身份更加突出，就要把理论和实践更好地结合。完成教学任务，体现教书育人原则，就说明这个职业角色的作用在不断地凸显。扮演好这个角色，不仅要有高超的动作演示技术，同时要有专业的文化知识，只有二者都具备时，体育教师的素质才会有所改善。要时常激励自己，树立正确的职业角色意识。职业角色中包含角色观念，在观念指引下亲身去试验，然后进行角色评价，要学会总结，并在总结中发现问题，及时去改正，发挥好职业角色的作用。

（1）角色观念

教育主体的不断转化，从集体的、社会的变成个人的，符合个性化的需要。严格遵循职业道德，坚持自己所选的职业的正确性，并用职业要求来规范自己的行为，从而形成高水平的高校体育教师素养，促进教育生涯的进步，更加积极主动去应对高校体育教师道路上的困难。要想在理想的职业生涯中取得成功，就要学会转变观念，以观念为动力，这样成功的概率就会大大提高。

（2）角色评价

角色评价的发展对高校体育教师素养的提高有着重要的调节与制约作用。角色评价为自身职业所存在的意义做出了价值判断。

（3）角色体验

角色体验就是把自己设身处地地想成主人公，身临其境，去揣摩其中的真实感受。高校体育教师的角色体验指的是高校体育教师在职业教学实践中产生的心理感受，对自身的认知、对自我的把握程度以及对自我形象的正确评价，体现了主观印象。成功的高校体育教师会有正确的角色认识，提高自身的道德素养是为了更好地履行角色行为。

（4）角色行为

无论实践的结果是正确还是错误，我们都要去亲身体会，客观经验只是片面之词，并不能代表一个人的思想。自身的理解才是行为中的收获。只有亲身体验过，才知道到底该如何扮演好这个角色，影响高校体育教师做出选择的因素有自身需要、兴趣、主观意志。为自己角色行为的发展做出目标预订，并为实现指定的目标进行奋斗。在角色实现的过程中，为了扮演好高校体育教师这个角色，他们会努力调节自身的认知能力，提高自身的品德修养。

除此之外，高校体育教师个人特质也对高校体育教师素质的形成起着重要作用，主要包括认知水平、决策能力、自身的气质与性格、成败体验、成就动机等方面。高校体育教师的知识水平的高低对科学技术、文化教育的发展有重要意义。高校体育教师的决策能力与实行效果都会影响他们的素质发展。一个认知水平不断进步、决策能力逐渐提高的高校体育教师，会预测未来知识发展水平和科技与教育发展趋势，并会获得对社会人才培养的紧迫感和责任感，这种责任感将促使高校体育教师对教育教学工作满怀热情，加强他们对自身工作的积极性，积极改正自身缺点。但高校体育教师个人的素质能力、性格特点会对这种责任的承担产生影响。

高校体育教师的气质特点，表现在对特定对象的心理特殊指导上，表现在他们的心理活动对行为产生的影响上，可能会影响行为的稳定性、速度、强度和节奏。同时，还对他们的行为的主动性与可造性产生影响。可造性中的性格特征亦难改变，要学会以柔克刚，逐渐改变自己做事的方式。另外，高校体育教师过去做事的成与败和成功动机的强弱都会影响高校体育教师职业行为的好坏，还会影响其素养与能力的发展方向、形成历程。

（三）心理活动因素

1. 心理准备不足

具有成就感和责任感的高校体育教师一般会对学生负责，但这并不表示他们不会产生职业消极心理，产生原因常常可能是对自己要求过于苛刻，从而导致心理准备不足。高校体育教师的工作辛苦繁忙，教学工作对他们提出了较高的要求，这就要求高校体育教师做好足够的心理准备，教学责任的艰巨性、教学任务的长期性，是他们必须面临的问题。机会总是留给有准备的人的，要想获取成就感，就要学会抓住机会，不要急于求成，只有循序渐进，成功才会持久。

2. 价值观念的改变

价值观不是一成不变的，它会在社会进步的大环境下不断转变。这就要求体育教师树立正确的价值观，在体育行业中安心、脚踏实地去干一番事业。

3. 提高教育能力

教育体系的变革也带动了素质教育的发展，需要的是体育教师多方面的完善，尤其是自身素质的提高，可以为培养全面型人才提供动力。高校体育教师不应该只是教知识和技能，还应该告诉学生做人的道理与处事的方法。现在的教学趋势是掌握技术与培养好的体育锻炼习惯相结合，把组织安排训练与竞赛和提高自身素质紧密结合起来。

4. 增强自身素质

高素质的体育教师可以解决很多教学中出现的问题，能在无形中提高整体师资水平。能够处理好一些负面情绪，就是对教师素质不断提升的要求。消极情绪能影响对工作的积极性和对体育教学的兴趣，所以要尽量去克服。

二、社会因素

（一）高校体育教师的社会地位

高校体育教师的社会地位是通过在教学过程中的教学效果来评价的，是多数人共同认可的，有极大的影响力。

职业声望高的高校体育教师教学质量也会很高，教学方式不同，所针对的对象也不同。要将对体育教师的评价部分交给学生，也可以让家长参与，多样化的参与主体评价可以提升体育教师的职业认同感。

（二）职业社会知觉

职业社会知觉是一种判断与认识，它是以职业为社会知觉对象，是就某一职业产生的。对于体育教师而言，职业社会知觉不是身体上的训练，而是教师道德的体现。职业社会知觉就是其态度和意识通过比较的方式逐步提升的。

1. 职业态度知觉

客观环境对职业态度知觉存在比较大的影响，通过高校体育教师个人的职业社会知觉所体现。社会是由个人组成的，个人的能力与素养也会对社会起着不可磨灭的作用。有了职业社会知觉，可以清楚知道其根本动机，明白所要选择的职业素质提升的突破点。高校体育教师要时刻关注周围事物的变化，要具备自己特有的知觉、观点、信念、态度和个性特征。

2. 社会比较

人们往往喜欢把自己与其他人做比较，而且会不断从比较中发现问题。通过他人对自己的评价，明确自己改进的途径，不断完善自我。没有对比就没有差别，在比较中找到与别人的区别，从而提升自己的教学能力。评价较高的高校体育教师会对工作付出更多的精力，也会为职业需要培养更多人才。不断提升自己的责任感与使命感，发展体育人的素质，提升体育教师的师德，不断为体育教育改革创造动力。体育院校承担着重大责任，要为我国培养大量高素质的体育人才，要实现培养目标，就需要体育院校的教师发挥其独特的作用。所以，在有巨大责任的前提下，体育教师应倾尽所能，力争为国家体育事业做出贡献。

三、学校因素

（一）学校的文化与环境因素

组织文化是指导高校体育教师素质提升和能力培养的必不可少的因素，在文化中凸显高校体育教师的师德，提升人文素养。专业知识对教育质量发展起到了奠基作用。专业发展的主要制约因素是学校，学校环境的重要性也逐渐呈现出来，让高校体育教师在学校舒适的环境中发展组织文化，有利于促进教师朝着高素质和全面化发展。

（二）学校人际关系因素

处理好人际关系能体现一个人的人品，更能突出教师师德。学校已经意识到这一重要意义，并为此做出了必要的努力。教学指导思想的完善、管理体制的创新都为人际关系的处理做了铺垫，以便更好地进行文化交流与经验交流。调查发现，学校正致力于将决策和理论、实践与理论更好地结合，渗透到基本教学的各个环节中，用实际效果来验证理论和决策的正确性。教师自身的内在品质可以通过外界环境的熏陶来提高，处理好人际关系就是一个有效途径。

个人的素质和外界环境联系也非常密切。校园文化环境可分为两类：软环境和硬环境。触摸不到的文化氛围就是软环境，图书馆的开放程度会衬托出学生的文化内涵。软实力的提升会让学校在无形中变得强大，并使高校体育教师素质得到完善。硬环境指校园整体环境，包括绿化环境、体育场馆美化程度和图书馆环境质量等。周围环境会影响到人们对于文化的接受程度，好的文化环境为文化的多样性打下了基础。由此可见，软环境起着很独特的作用，不仅会影响体育专业人才培养，还会影响体育的社会地位以及学生的人文素质，但不能忽视硬环境的建设，只有二者协调发展，才会换来整体文化素质的提高。

（三）高校体育教师评价制度因素

通过评价能了解高校体育教师的教学效果，能帮助他们及时查缺补漏，采取正确的方法来及时调整教学内容，建立更好的教学体制。

对于体育而言，技术掌握程度会影响教师的教学水平，体育教学重在培养学生的学习兴趣，带着兴趣学习会事半功倍。为了实现现有的教学目标，需要建立严格的教学体系，不断鼓励教师创新教学方法，增加成功的概率。获得成功的次数越多就意味着高校体育教师的责任心越强，得到的鼓励越多，有了上进心，就会更加热爱体育教师这个职业。

（四）情境因素

情境因素通俗来说就是环境因素。环境会影响一个人的发展，对于教师来说，有良好的自控性，则受环境的影响会相对较小。如果合理利用情境，就会提升专业发展。不同成长阶段基础教育的水平不同，所选高校不同，教育专业也会存在差别，大力发展教师专业知识能提高教师的师德。对体育专业的认同会使体育教师的责任感提升，在一定程度上促进教师的职业体系发展。

教师的大部分时间都是在学校，学校成为促进教师专业发展的必然之地。为提升专业知识，教师需要结合实践性知识和个人的实践成果。个人的教育观念就是高校体育教师特定的背景。在特定的环境中，有特定的教学场所即教室，有特定的对象即来求学的学生，还有真实的教学场景，这些与学校环境密切相关。良好的学校工作氛围、高超的领导管理水平、严于律己的学校制度建设等，都对高校体育教师的专业发展有着极其重大的影响，不容忽视。学校的基础设施也为高校体育教师的素质发展提供了良好的基础，社会经济发展水平与文化发展水平的进步，使得全社会改变了对教育、高校体育教师的地位与价值的认识和看法。教育体系的深入发展需要有完善的教学方法和配套的教学设施。

第二节　提高高校体育教师素质的途径

一、加强师德师风建设

（一）加强思想教育和教学作风，弘扬奉献精神

高校体育教师的人生观和价值观要在正确的教育观上来实现，这就需要高校体育教师不断提高自己的思想政治理论学习能力，并用以指导自己的思想和教学实践活动。体育教师应在实践中贯彻落实党的教育方针，要有奉献精神，关心学生、尊重他人，用自己的品德和人格魅力来感染身边的每一个学生。高校应组织新上岗的教师进行培训，让其尽快地适应体育教师的教育岗位；把师德师风建设、教书育人运用到体育教师的培训工作中去，对有教学科研潜力的青年体育教师，要在思想和工作上关心和帮助他们，使其尽快提高自身的能力；也可以大力培育骨干党员和特殊体育方面的骨干教师，使优秀的教师能够脱颖而出，尽快使他们成为教学的中坚力量；开展以教与学为主题的活动，使广大新老教师能够完成自我教育和自我提升。

（二）建立制度，确保高校体育教师师德建设的规范

体育相关部门应制定管理制度，从质量和数量两个方面对体育教师进行严格考核；明确地将学科知识、思想政治教育理论和教师道德建设融为一体，在教学过程中培养和指导高校体育教师继续学习的意识和道德建设；结合教务处等部门制定相关的学生评教机制，不断地完善体育教学部门的检查、领导查课和巡考制度等。相关管理部门应建立制度，提升教师的凝聚力、责任感、荣辱感和使命感，对师德师风建设予以高度重视和支持，给予高校体育教师强大的精神力量，上下合力，使学校呈现出蓬勃发展的新局面。

（三）完善高校体育教师师德建设机制

完善高校体育教师的师德建设与监督机制，促进体育教师履行教书育人责任。加强体育教师的教学评价工作，完善高校体育教师教学质量评价体系。按职称划分岗位级别，对应上岗，实行级别薪酬制度。对在科研方面成绩突出的教师，必须予以认可和奖励，并在教师职称评定时优先考虑；对在教学方面表现突出的教师，应给予相应的奖励。对师德师风的先进典型进行大力的宣传与推广，对师德师风行为进行严格的规范，将师德师风建设纳入教师的考核体系中。

（四）师德建设与提高素质相结合

对高校体育教师的培训，不仅要从思想道德、专业知识和基本技能方面展开，还要培养体育教师适应现代教育的需要，即职业道德和专业技能相结合的培训，在两者的结合下能培育出更高水平的体育教师。体育教师不仅仅是传统意义上"红"与"专"的相加，而且要具有强烈的责任感和较强的创新能力，能够为国家和民族培养出高层次的人才。体育相关部门采用集体学习的方式，积极地贯彻党的路线和方针，密切关注《教师法》和《高等教育法》等体育教育方面的法律法规，聚焦体育教师的职业道德培养。此外，组织体育教师参与学校之间的体育交流活动，按照教学计划提高专项运动技术与技能，同时加强师德师风建设。

（五）师德建设与课堂效果的整合

体育相关部门要求教师上好每一堂课，认真对待每一堂课，严格按照学校教

学大纲实施课堂教学计划,鼓励采用互动、交流、讨论的教学模式,从真正意义上把课堂改革成以学生为中心的知识讲堂。与此同时,课堂也是学生接受思想道德教育的重要场所,体育教师要运用自身人格魅力以及体育运动的独特魅力,不断地影响和感染学生,真正做到"以发展学生为根本,发展学生的道德,致力于教育"。

(六)师德建设应与学生的发展相结合

教师要根据学生的体质状况对他们进行分类指导和点评,帮助学习上有困难的学生,争取不让任何一个学生掉队。从国家培养建设者和接班人的角度看,体育教师应该关心和爱护每一个学生,不要伤害他们的自尊心。体育教师必须树立服务意识,全心全意为学生服务,在教学中要因材施教。

(七)师德建设与终身学习相结合

体育教师要在学生中树立威信,必须有体育精神,通过改善自己的专业知识体系和建立科学研究项目来扩大知识视野,激发学生的体育学习兴趣。

师德建设是一项艰巨、复杂的工程,需要体育教师的理解和支持。同时,也需要从法律法规方面对学校相关部门进行规范,真正将教师职业道德规范落实到实践中去,为高校培养有理想、有道德、有文化、守纪律的综合型人才。

二、提高教师的人文素养

(一)学校要多渠道、多举措丰富体育教师的人文知识

环境对人的影响是潜移默化的,具有长效性。校园是学生学习、教师工作的主要场所,会无声无息地熏陶、感染师生。营造良好的校园环境,可以促进师生的共同发展。要提高教师的人文素养,就要从他们身边的环境入手。所以,营造良好的校园人文环境非常重要。高校领导应该加强校园文化建设,积极弘扬社会正能量,营造乐观向上、不断进取的校园文化环境,促进师生的健康发展。校园中的规章制度、人际关系等"软环境"影响着体育教师人文素养的提高。"软环境"要注重人文化的设计、配置。例如,学校规章制度中的奖惩制度、教研制度等要人文化,要从教师的需求出发、从教师的愿望出发、从教师的实际利益出发。只

有这样，才能真正体现教师在校园中的地位，共同营造出一种宽松、自由、和谐的人文环境。

要提升高校体育教师的人文素养，首先，高校各级领导要从思想上引起重视。以科学发展观为基础，从管理学层面，树立以人为本的教育理念，为教师人文素养的提升营造良好的内外部环境。学校应该努力建设校园的人文环境，使学校的一草一木透出浓浓的人文气息。教师身处其中，不知不觉地会受到熏陶和感染，从而有利于教师约束自己的言行，完善教师的人格，提升他们的人文素养。其次，在行动上，学校要多渠道开展教师人文素质培养活动。例如，定期举办高水平的人文知识讲座、报告会等，能够丰富体育教师的人文知识，拓宽他们的人文视野，激发体育教师提高自身人文素养的潜能。再次，校工会可以定期开展人文知识竞赛等活动。最后，学校要多举办体育人文学术交流活动，带动体育科研活动的正常开展、提高教师和学生的人文素养。

（二）转变教育思想，不断提高人文素养

高校体育教师应该积极转变教育思想，不断提高自身的人文素养，为学生树立良好的学习榜样。同时，高校体育教师应树立终身学习的理念，主动学习新的教育理念和教学方法，激发学生学习体育的热情，以提高教学的质量。

人文素养的核心部分是人文精神，它是人文知识内化于个体而形成的。要培养良好的人文素养，就要从人文知识开始学习。高校体育教师要充分利用好高校的学习资源：一是高校有人文学科方面的教授和优秀的教师，在遇到疑问时可以向他们请教。二是在日常的教育工作中，高校体育教师可以利用空闲时间，学习文、史、哲、法等方面的知识，提升自身的人文素养。高校拥有图书馆、电子阅览室等重要学习资源，要利用好业余时间博览群书，从我国优秀传统文化书籍和文史哲宝库中吸收营养。三是高校经常外聘客座教授定期举办高水平的人文知识讲座或报告会等，要抓住这类学习机会来增加人文知识，拓宽人文视野。四是高校体育教师要多参加人文学术交流活动，多与他人互动，检验自己的人文知识水平。

（三）积极开展培训工作，丰富体育教师的人文知识

高校体育教师不论年龄、职称，除了接受专业领域的终身教育外，在文化素

养方面也有必要接受在职培训。高校应重视体育教师的人文素养，积极开展相关培训工作，不断丰富体育教师的人文知识，提高体育教师的人文素养，推进体育教师的全面发展。高校各级领导应该认识到人文素养的重要性，对高校体育教师实行制度化的重点培训。教育部门应当制定一些强有力的措施，根据具体情况有针对性地确定培训的内容、目标、形式和时间的长短等。学校要把体育教师人文素养的提高工作纳入学校的工作规划，结合自身的办学特色与实际需求，制定合理的人文素养教育方法、措施，不断优化管理行为，提升体育教师的人文素养。而且，学校要充分利用自身的有利条件，采取短期、长期相结合，自学和函授相结合的方式，组织高校体育教师参加校内人文知识方面选修课的学习，如德育课、伦理学、史学等等，并组织他们有目的地阅读经典书籍。同时，高校应该关注体育教师的实际需求，采用人文关怀的途径，满足体育教师的合理要求，为体育教师人文素养的发展提供有利的环境，促使高校体育教师掌握广博的人文社会科学和文化艺术等方面的基础知识，这样高校体育教师的人文素养一定会有质的提高。

（四）建立完善的人文素质教育评价与保障体系

实施素质教育，就要根据它的内涵和要求，制定相应的评价目标、标准和方式方法。要提升高校体育教师的人文素养，离不开校方制定的评价和保障体系。首先，高校要建立完善、科学、合理、多元化的教育评价机制。各种和人文知识相关的社会实践活动、竞赛活动等都可纳入评价的内容中。评价应当采取定量和定性、过程和结果相结合的方法进行，使评价在人文素质教育的实施中起到良好作用。其次，年度考核能有效提高体育教师的人文素质，建立体育教师人文素养考核选拔机制，形成人文素养不过关不得上岗的制度。最后，加强和改进高校管理工作，除了把工作量计算、职称评定、教师培养等纳入考核外，提升大学生人文素质教育的质量和效果也对体育教师提出了明确要求，从多方面建立保障制度和措施，促进人文素质教育的发展。高校不仅要对体育教师所掌握的知识与技术进行评价，还要对体育教师的人文素养进行评价，形成教师向上发展的正确导向，为高校实施素质教育奠定基础。

（五）在教学中落实人文教育，努力实现教学相长

学生是教学中的主体，课堂教学是教师进行教育活动的主要形式，也只有在

教学实践中才能实现教学相长。所以，提升人文素养，不能只停留在理论层面上，在对学生人文精神进行塑造的过程中教师必须先构建人文课堂，在教学实践活动中以及和学生的互动中切身体验、反思、总结，才能提高实效性，从而实现外化于行、内化于心。在学生心中，教师的言行举止都是其模仿的对象。教师的人文素养，最终要在教师的言行举止中体现。正如孔子所言："其身正，不令而行；其身不正，虽令不从。"[1] 随着体育新课程改革的深入推进，体育教师先要转变教学理念，在日常教学中向学生传授、渗透人文知识。"师不必贤于弟子"，就是说教师无论在学识上还是在思想上，都不可能十全十美，其也可从教育对象身上学习好的一方面来完善自己。所以，在日常教学中，要倡导教学民主化，与学生建立平等、融洽的师生关系，有利于与学生之间相互取长补短，在提高课堂教学效率的同时，努力实现教学相长。高校体育教师要严格遵守职业道德规范，以身授业，在学识和做人上充当学生的榜样，这样才能让更多的学生"亲其师，信其道"，和学生形成良性互动，并在互动的过程中培养学生的人文精神。只有这样，教育的人文价值才能得以体现。

第三节　提高高校体育教师专业能力的途径

依据目前对高校体育教师团队选拔所提出的要求以及对体育教师个人职业成长的经历进行观察和分析，高校体育教师团队的专业发展大概有三种途径：第一，由全国各个普通高等学校的体育学院（系）或者各个专门的体育院校进行培育，这种途径也是当今高等学校的体育教师比较注重的发展路径；第二，高等学校的体育教师在体育学院内部（系）的校本方面的培养和自我实践中的成长，即体育教师通过彼此相互之间的学习和相互间的指导，并结合自己在教学工作中的感想和领悟，不断探索和提升，实现自身职业性的专业成长和发展，特别是在采取以老带新的形式下，能够真正培养符合学校实际要求的体育教师；第三，教育部门或者高等学校组织的继续性教育和学历提高性的体育教育教学活动，普遍都会以所在教育部门或者有关联的其他主管部门的计划为主，分批次、阶段性地对教师进行专门的培训。此外，高等学校的体育教师拥有硕士学位或博士学位后所参加

---

[1] 孔子. 论语 [M]. 景菲, 编译. 西安：三秦出版社, 2018.

的各种进修活动，也属于一种职业性发展途径，并且能够向更高的体育专业化水平发展。高等学校的体育教师的培训进修活动是高等学校的体育教师专业逐步发展和成长的核心环节与基础内容。在职的体育教师进行进修的主要途径包括自己学习、开展教学研究活动、科学的研究活动、短期的教学培训和函授；培训的模式包括上岗之前的培训、高等院校内的培训（学位课程的培训或者短期的进修培训）、校本的培训等。

一、不断加强教育教学技术的创新水平

（一）教育教学内容的编排和创新

高校体育教育教学内容是按照教育教学的发展规律，把所有相关的体育知识根据一定的科学系统编排起来的，具有教育教学的操作性。内容的选择依据两个原则：一是体育专业发展的科学性原则。也就是根据体育的发展和体育方面人才培养的需求，选择那些适合各自学校的体育教学内容。二是大学生身心健康成长的规律性原则。具体来说，也就是立足于当代大学生的体育学习基础，对大学生实施继承性体育教育，不断提升其体育专业水平，为这些大学生毕业以后的职业发展做出体育方面的初步准备。

（二）教育教学方法的创新

高校体育教育教学的宗旨是"终身体育意识"和"体育能力"的培养，因而在教育教学实践中要以技术技能型的教育教学为重点，以理论知识的教育教学为辅助。其中，技术技能的教育教学要从教师的示范出发，推动教师示范和教育教学视频共同进行；从以室外教育教学为主的方式方法向由室内和室外教育教学共同发展转变，且从单纯的教师讲解形式向教师讲解、观看精品视频与远程教育形式的共同发展转变。

二、不断加强专业知识的学习

（一）把体育专业实践知识与体育理论知识相结合

此类学习方式大体分为三类：第一，学校内部教师与教师的互相交流、借鉴

和学习，比如体育教师之间相互听课、评价所听课程、对所听课程提出想法和意见，体育教育的科研活动，学术界的交流活动，以及学校内部研究探讨的课题活动；第二，地区范围内和学校与学校之间的学习交流活动，比如通过相互的交流和学习、专题会议的相互交流与课题之间的相互合作活动等，教师都能从中吸取别人的长处，弥补自身不足；第三，地区范围内、全国范围内或者定向的学校与学校之间举办的运动会等，通过各种体育运动成绩来逐步实现相互之间教育教学水平的横向比较。

（二）体育文化知识的学习

体育文化知识的学习就是了解相关体育运动项目的发展过程、各种专项体育比赛的发展过程、大型的国内和国际运动会的发展过程，并且学习各种传统体育运动项目的发展过程以及各种体育运动项目的健身功能。

三、加强体育项目的学术研究

高等学校体育类的学术研究和体育相关的科学研究，不仅对普通高等学校的体育教师职业性的发展提供了具备方向性的专业化引导，同时也为他们专业的发展奠定了扎实的体育专业基础。首先，要逐步加强自身擅长的专业或者运动项目的学术研究。这种扎根在高等院校教育教学实践基础上的学术研究，能够对高等院校的体育项目产生切实和深刻的影响，在其基础上也推动了体育和高等院校体育的不断发展。其次，还要不断地加强擅长专业的教育科研。教育科研本身相对于更专业的学术研究来讲，具有教育教学所具备的直接针对性，不仅能够很快地演变成为专业性的使用教材，又能够促进教育教学的不断开展，当然也能够不断地改进有关教学方法、不断地提升教育教学水平，努力构建学习共同体。一家美国教育研究部门一直认为：专业的学习共同体能够制造出一种激励的情境，使教师团队甚至整个的专业群体都能够为了群体共同的目标而全部集中起来，汇集成具有支持性的共同体。这种模式强调群体间拥有一致的信念，强调学习人员能够分享各自的想法见解和掌握的信息，不断鼓励学习人员去探究创新，使学习人员自身能够对学科内容获得更深层次的掌握、理解。教师共同体是教师自身知识、技能水平和思想的总和，他们能够共享学习资源、共同进步。协作、互相帮助的学习组织能更加有效率地激发出高等学校体育教师专业成长的主体性，提升了教师的实践性。在自身专业的学习共同体之中，高等学校体育教师与教师之间的互相帮助可以加强教师之间的关系。在体育教育课程的实施等其他团体活动中，教师通过专业的对话、专业的沟通和专业的协作，共同分享体育教育改革中的经历、经验，通过彼此间的互动进行学习，这样每位体育教师都能够充分发挥自身的才华，从而弥补个人的局限和不足。高等学校体育教师专业化共同体中的每一个主体的视界都处在一个动态的过程中，各教师之间的知识资源共享能够克服各个教师本身的专业知识与教师思维盲点，同时他们能够从不断的探究、学习、对话、反思和行动中去整理知识结构、总结策略和提升专业技能。各体育教师之间相互鼓励，互相给予精神上的支持，并协助他人去解决疑难。最后，其他同事能够帮助体育教师个人去回顾以往已经开展过的体育教育教学活动，体育教师能够从别人那里看到自己教育教学的不足和曾经被自己忽略掉的专业基础知识和技能，并积极和自己目前的体育教学相比较，重新去创造体育教学思维，从而设计出解决的方法、改进的措施。

　　高校体育教学这个工作具有很强的专业性，而且需要加强体育教师在教育活动上信息的交换，体育教师要共同分享知识和经验，营造出多元化和立体化的体育教学研究氛围，进一步形成体育教师之间优势互补的多赢局面。高等学校的体育院系应该把优课竞赛引入学校体育教师专业水平发展的实践中，引入的时候以存在的问题为中心点，以诊断问题为目的，给体育教师团队提供一个彼此交流经验、共享知识、互相促进的平台。要求体育学科组的教师能够带着实践中遇到的问题融入小组，进行相互交流，在其他同事的帮助下去解决出现的问题，然后带着行动方案开展教学活动，根据小组的行动方案不断地在实践中加以应用，最后汇总方案实施以后获得的结果，由同事们对方案的结果进行分析和诊断，接着设计出新的改进计划，然后再次回到实践中去，实行此次改进过的方案。学科教师将精心准备课程、认真讲解课程、课后评价课程贯穿到整个授课过程中，使授课教师能够在相互扶持的环境中学习，进行体育教育教学观摩，不断研讨体育教育教学内容，及时地接收共同体里面其他人员所反馈的信息，并且针对不同的情境提出各种学习策略，探讨解决问题的策略，这样体育教师与教师之间也就形成了相互学习、合作、不断发展的动态的学习环境。体育教师通过不断学习改善自己的专业教育教学行为，并且不断地挖掘自己的专业技术能力，使学习与实践形成良好的互动。

体育教师团队可以围绕体育教学实践活动中的心得体会，相互间进行坦诚的沟通交流，在分享自己的经验和自身智慧的同时，也引发了相互间思想的碰撞。学习共同体还能够帮助体育教师从他人那里吸取教训，从而实现亲身实践、不断思考和自身智慧的重新构建。学校校本课程的开发大大加快了高等学校体育教师的技能专业化发展，而大力倡导体育教师参与到学校校本课程的开发中去，原因之一就是希望能够缩小体育教师和所授课程之间存在的差距。让体育教师团队参与学校校本课程的开发，其实是体育教师对自己的课程、生活实践的重温、回味和思考。体育教师既需要对教育过程中存在的多种因果关系进行不断的研究和探索，也要不断地追问过程中潜在的假设。体育教师在整理自身思维之后，能够达到一种豁然开朗的新境界，因为他们在这一过程中不仅能够对自己的课堂实践生活进行反思，能够认真思考自己的教学实践，而且能够获得思想层面上理性的升华。校本课程的参与能够不断提升体育教师的教学课程意识，而在校本课程开发中，体育教师也能够大概掌握相关技术，进而对自身的专业发展起到了重要作用。这样，体育教师就在体育教育教学活动中实现了自身的不断成长和生命价值的张扬。

学校是每个体育教师教学和生活的场所，高等学校体育教师的专业性发展和这个学校的日常生活、各项教育教学以及活泼生动的学生密切联系在一起。在我们国家的新课程改革体系中，任意一门课程，不论是具体内容还是方法，都存在一个极大的可能性空间，而留给教师去发挥创造力的余地也很大，尤其是那些校本课程和综合类的实践活动课程，几乎都是留给那些善于独立思考问题的教师来发挥自己无尽的想象力和创造力，而体育课程的活动研究就是发挥体育教师想象力和创造力的自然舞台，也是体育教师成长和自身不断发展的天然平台。体育校本课程的开发并未留下现成的版本，以往的经验也仅是用来提供参考，这也就迫使体育教师对自己的专业知识构造和素质要求进行重新评价，不断强化系统的体育课程的实践思考和理论研究，不断提升自身专业的含金量。为了尽量适应体育校本课程开发的需要和发展，体育教师需要根据个人的实际状况来确定教育教学的课程目标，整理出教学内容，进一步实施课程内容，设计出课程的评价方案，不断地更新体育课程的专业知识、运动技能，并且对体育知识结构体系不断作出补充和改进，对体育专业知识结构进行重整和优化。继校本课程发展以后，面对新型的教育教学观念、教育教学的内容与教育教学方法等各种挑战，体育教师将会对教育教学这一工作投入更多精力。

体育教师要想用科学的正确的理论来指导自己的工作实践，就必须阅读大量的资料来不断完善自己的专业知识结构。体育教师在校本课程开发过程中经过了一系列的活动，其中包括体育课程的选择、体育课程的编辑、体育课程的整理、体育课程的补充和体育课程的拓展等，进而能够在体育教育实践中先发现问题，然后去概括问题，将富有价值的体育教学课题升华和提炼出来，并且将有效的策略和研究成果整理出来，通过自我的反思、与同伴之间的理论交流、专业人士的引导等各种方法来不断提升自身的专业研究能力。体育教师要从体育教育教学中发现问题，在多次实践中总结规律，进而和职业之间建立起一定的联系。这种联系生动又活泼，有利于体育教师实践性知识的获得和体育专业知识的积淀，最后体育教师自身的知识结构得到完善，体育课程的专业技能、研究技能等得到提升。校本课程资源的开发和利用要求体育教师能够不断吸取新的思想观念，探索出体育教育教学的新模式，并且必须经过与校本课程开展相关的专业技能培训，明确各项基本理论，为课程的开发提供理论依据。高校要对体育教师进行专业课程的引领和培训，不断拓宽体育教师的知识面，重新对体育教师的知识结构进行构建，使体育教师的探究学习能力和主动学习的观念意识不断加强，不断地概括和总结自身的经历经验，认识到自己的不足之处并制定出相应的改良措施。体育教师能够获得专业化发展，其重要的支撑是教师自身能够超越课堂的局限去独立地考虑问题，校本课程开发中的专业要求对高等学校体育教师自身专业的进步具有重要意义，能使体育专业的发展进入一个良性轨道。开展体育校本课程，对于提高体育教师对教育的理解和认识、扩展自身的学科知识和逐步提高自身的学科技能都能起到有效作用，有利于高等学校的体育教师在专业技能上的不断提高。教育叙事研究作为教育研究的新范式，以其讲故事的特点将深刻的道理寄予平实的案例之中，也让科研论文变得有情节、有趣味，为学校教育研究开辟了一条新的道路。教育叙事研究方法在其他学科中应用较为广泛，体育教师也可以借鉴叙事研究的方法，充实体育科学研究的方法与手段，将其作为专业发展的平台之一。

在我们的生活中，教师的教育教学经验、自身对教学的规划与理解、课堂实录、课件发布都基于当代的网络信息技术平台。在这样一个公共、虚拟化的环境中，我们可以分享由研究人员所提供的信息，进行相互间的交流，积极提供反馈信息，反思教学经验，而教师通过网络教学资源平台也能够使自己的教学方式不再局限于固定的模式，同时可以与他人分享经验，反思自己的教学。体育教师不断地增强显性和隐性知识，能清楚地看到自我成长和自身专业发展，从而不断地自我反思、重新构建知识体系，并通过主体间的相互作用改变自己的教学方法，在实践中不断地学习、在学习中不断地探究、在探究中不断地进步。为了有效地提高自己的专业技能水平，高校体育教师可以建立自己的网络教学资料库和属于教师自身教育叙事方法的设计，在网上不断更新教案，进行教育教学的反思、对话。体育教师可将教学过程中遇到的典型例子放到网上供学生学习与讨论，并建立自己的论坛，关注细节和在教育教学中的任意一个环节，不放过任何存在可疑的教育叙事研究案例。体育教师应该不失时机地抓住一些特殊的教学事件并进行认真的解读和审视，在现实教育价值和意义的背景下思考和探究特定的问题。高校体育教师应在学习中实践，在实践中不断质疑，在质疑中再去实践，培养对教育教学情境更敏锐的观察力，这对教学实践的改进和教学方案的形成很有帮助。高校体育教师也可以通过计算机网络平台和专家直接对话，在线邀请专家学者对自己的教育叙事进行评论分析，零距离地接触本学科、本行业的专家，从他们精彩的回答中及时获得宝贵的经验，从而改进自己的体育教育教学的指导思想，如果有条件，再和国外的专家交流沟通，吸取国外先进的思想理念和经验，就可以使自身的教育知识水平继续领先。

四、高校体育教师专业发展的建议

（一）加强个人素质的全面发展

高校体育教师应该注意提高体育技能学习的自主性，注重自我的成长与发展，始终坚持终身学习的理念。高校体育教师团队本身就应该非常积极、主动地去学习并吸收最新的体育知识，并且根据体育教师自身具备的各种有利条件、体育基础和环境氛围等，科学合理地制定真正符合自己专业发展的目标，采用更适合自身技能学习的方法找准学习内容，多总结国内外高等学校体育教师在专业技能发展方面取得的成功经验,并有选择性地借鉴,努力养成良好的技术学习习惯,从而科学高效地提升发展的质量,更好地完善和加速自身专业技能的发展。此外,由于高校体育教师技能发展的整个过程实际就是体育教师在体育教育教学实践中不断学习、反思、探索知识和科学实践的过程,各个高校的体育教师应该努力立足于体育课堂教育教学的工作,尽量组织各种各样的体育教育教学研讨和各种类型的交流活动,比如,可以组成高等学校体育教师研究学习小组,一起进行课程的编写,参与体育专业项目研究,彼此之间互相听课、观摩,更好地交流体育教育教学课件等。高校体育教师应该从课堂实践中获取第一手的专业素材,课后认真反思自己的教学过程,并开展与体育教育教学密切相关的各种学术性研究,然后通过这些学术研究来正确指导体育教育教学。

(二)注重团队的建设与发展

学校应该加强改善高校体育教师专业技能发展的条件和学习环境。高等学校体育教师专业技能发展其概念本身的出发点是所有的体育教师个人,是生活在整个环境中并在环境的相互作用下共同生存和逐步发展的。因此,教师绝对不能脱离高校体育教师团队的建设,团队里所有人所处的具体社会和学校、家庭等特殊环境不一样,个人拥有的资源也不一样,要联合起来共同发展,达到共赢的效果。与高等学校的体育教师联系最紧密的学习环境就是各体育教师所在的学校。想要真正地推动高校体育教师技能发展该怎么做呢?首先,高校需要构建充满活力的激励机制,稳步提升高校教师团队的工作热情和兴趣,使浓厚的兴趣和热情成为体育教师专业技能发展的不竭动力。其次,鼓励高校体育教师积极进行科学性研究和学术性出版活动,奖励在体育教育教学上有突出业绩的体育教师,充分调动高校体育教师对其自身专业稳固发展的积极性,同时在科学研究的资助方面拓宽经费的各种来源,为体育教师在专业技术发展方面提供资金保障,可以创建高校体育教师发展基金会或者学校体育教师发展促进会,当然也需要来自政府等各方面的支持,尽力去帮助高等学校的体育教师进行体育专业技能学习、学术性交流活动。高校体育教师团队自身的专业技能发展不可避免地要与教师的生活状态及所处环境发生联系,高等学校应该灵活地转换职能,逐步从管理转向服务,积极地为学生和教师营造出更好的学习氛围,使高校体育教师的生活条件和工资待遇能够得到改善,从而使体育教师对于专业技能发展的自信心得到提高。

(三) 社会的认可与支持

通过稳步提高全民健身活动对高校学生的身体与心理健康的关注，一步步树立积极强身健体的良好社会新风尚，积极重视体育活动所创造的各种社会氛围，不断提高高校体育教师在社会上所处的地位。身体是革命的本钱，学校学生的身体健康就是现代社会发展的希望，每一个高校体育教师都肩负着科学、正确、有效地增强学生体质与身心健康的艰巨任务。所以，社会各界人士必须正确地意识到这一任务的重要性，不断使高校体育教师专业技术技能得到整个社会的认可、赞赏及尊重，同时不断去提高高校体育教师的各种生活待遇，进而促进高校体育教师自身专业技术技能的快速发展。

参考文献

[1] 李鑫，王园悦，秦丽.体育文化建设与高校体育教学模式研究[M].北京：中国纺织出版社，2019.

[2] 魏小芳，丁鼎.高校体育教学管理改革与模式构建探索[M].长春：吉林人民出版社，2022.

[3] 梁田.高校民族传统体育教学模式的创新性研究[M].长春：吉林人民出版社，2020.

[4] 杨乃彤，王毅.高校体育教学创新及运动教育模式应用研究[M].北京：九州出版社，2019.

[5] 任婷婷.高校体育教学管理改革与模式构建[M].长春：吉林大学出版社，2017.

[6] 畅宏民.我国高校体育拓展训练的教学体系构建与模式创新研究[M].沈阳：东北大学出版社，2018.

[7] 周曙.卓越体育教师与体育人才培养模式的改革与创新[M].长春：吉林大学出版社，2020.

[8] 王家宏.21世纪体育教育人才培养的研究[M].北京：北京体育大学出版社，2007.

[9] 刘晓媛.高校体育教学模式创新性研究[M].长春：吉林人民出版社，2019.

[10] 张丽蓉，董柔，童舟.人文精神视阈下高校体育教学模式的理论构建[M].北京：中国纺织出版社，2019.

[11] 许奋奋.地方本科院校卓越体育教师人才培养的探索——以莆田学院为例[J].莆田学院学报，2017，24（4）：104–108.

[12] 孟东明.应用型人才培养模式下高校体育教师专业发展路径探究[J].人才资源开发，2017（12）：142–143.

[13] 徐明伟.新形势下体育教育专业人才培养模式的构建与创新——评《体育教师职业技能》[J].中国教育学刊,2017（1）:131.

[14] 周信德.教师资格考试制度下体育教育人才培养模式的创新[J].宁波教育学院学报,2016,18（6）:39-42.

[15] 李世宏.体育类院校体育教育专业人才培养的思考——从国家教师资格考试制度的实施谈起[J].南京体育学院学报（社会科学版）,2016,30（3）:93-99,105.

[16] 孙平.浅谈体育教师人才培养与师资队伍建设[J].黑龙江科技信息,2009（33）:117,214.

[17] 陈鹏,卢德林.互联网背景下高校体育教学模式创新理念分析——评《体育教学的信息化教学理论与实践研究》[J].科技管理研究,2022,42（1）:218.

[18] 王勇.基于翻转课堂教学模式的高校体育教学模式理念创新——评《高校体育教育创新理念与实践教学研究》[J].热带作物学报,2021,42（12）:37-56.

[19] 徐成波.高校体育情景融合教学模式创新研究——评《高校体育教学创新方法论》[J].中国高校科技,2021（8）:111.

[20] 曾昭婷."互联网+"时代高校体育教学模式创新研究[J].教育观察,2021,10（10）:49-51.

[21] 陈瑞琪.深度学习视域下高校体育教学自主—合作—探究教学模式构建及实证研究[D].南昌:江西科技师范大学,2022.

[22] 黄鹏.高校体育俱乐部教学模式在湖北普通本科院校的探索与实践研究[D].武汉:武汉体育学院,2020.

[23] 朱荣荣.民办高校体育俱乐部教学模式的困境及实施策略研究[D].南昌:华东交通大学,2020.

[24] 朱剑娴.生态视野下高校体育教学模式研究[D].长沙:湖南农业大学,2015.

[25] 孙国富.普通高校体育课程社团化教学模式研究[D].长春:吉林体育学院,2013.

[26] 包春峰.构建与科学、人文、健康教育相融合的高校体育教学模式[D].天津：天津大学，2007.

[27] 林启勇.高校大学生综合素质发展的体育教学模式研究[D].成都：四川大学，2004.

[28] 黄恺.卓越教师培养背景下广西高校体育教育专业教师教育课程设置现状及对策研究[D].南宁：南宁师范大学，2021.

[29] 毛堂铃.云南省高校体育教育专业人才培养与中学体育教师人才需求契合分析[D].昆明：云南师范大学，2021.

[30] 吴昊.黑龙江省学校体育竞技体操教师人才培养研究[D].哈尔滨：哈尔滨体育学院，2017.